GUERRE
AUX
HOMMES

PAR

Mme OLYMPE AUDOUARD

PARIS

E. DENTU, ÉDITEUR

LIBRAIRE DE LA SOCIÉTÉ DES GENS DE LETTRES

PALAIS-ROYAL, 17, ET 19, GALERIE D'ORLÉANS

GUERRE
AUX HOMMES

PARIS. — IMP. SIMON RAÇON ET COMP., RUE D'ERFURTH. 1.

GUERRE

AUX

HOMMES

PAR

Mᵐᵉ OLYMPE AUDOUARD

PARIS

E. DENTU, ÉDITEUR

LIBRAIRE DE LA SOCIÉTÉ DES GENS DE LETTRES

PALAIS-ROYAL, 17 ET 19, GALERIE D'ORLÉANS

1866

GUERRE AUX HOMMES

I

Messieurs, c'est bel et bien la guerre que je vous déclare.

J'attaque plus fort que moi, j'attaque le sexe fort, tandis que je fais partie du sexe faible; je dois donc avoir pour moi les gens de cœur toujours prêts à secourir le faible contre le fort.

Vous autres, messieurs, vous attaquez bien souvent les femmes dans vos clubs, dans vos cercles, dans vos réunions ; médire d'elles, les calomnier est un de vos plaisirs favoris.

Vous les attaquez, les insultez même, dans vos écrits, dans vos journaux, oubliant complétement qu'insulter qui ne peut vous répondre par un bon coup d'épée s'appelle, dans la langue française, d'un fort vilain mot !

Vous faites bon marché de nos défauts, de nos travers, de nos vices, de notre réputation.

De nos vices, de nos défauts, de nos

travers, vous vous raillez impitoyablement.

Notre réputation! Pour satisfaire à
une petite vengeance, pour faire un mot
spirituel, par désœuvrement même,
vous la ternissez, sans songer que la
bonne renommée est à la femme ce
qu'est le parfum à la fleur.

Sans songer que *femme* est pour vous
le synonyme de *mère*, *fille* et *sœur*.

Sans songer que l'Évangile dit : *Ne
faites pas aux autres ce que vous ne vou-
driez pas que l'on vous fît.* Sans nul
doute, vous n'aimeriez pas que l'on ca-
lomniât, diffamât, ou que l'on médît de

1.

votre mère, de votre sœur ou de votre fille... et pourtant, l'on vous voit toujours disposés à mal parler des femmes.

Un jour, un jeune homme bien né, du meilleur monde, disait ceci dans un salon :

« Pour moi, je ne crois pas à la vertu des femmes ; je les divise en trois catégories : celles qui ont péché, celles qui pèchent et celles qui pécheront. »

Une personne lui demanda dans quelle catégorie il plaçait sa mère et sa sœur... Il comprit la leçon et répondit en balbutiant : « Mais certainement je fais une exception en leur faveur. »

Les hommes présents lui dirent alors : « Comme vous, nous tous, monsieur, nous croyons à la vertu de notre mère, de nos sœurs, de nos filles... » Vous le voyez, il est aussi maladroit qu'inconvenant de dire carrément : « Je ne crois pas à la vertu des femmes... »

Sur l'annonce de mon livre, un aimable et spirituel confrère, M. Konning, m'a dit dans le *Figaro-programme* :

« Vous allez écrire la *Guerre aux hommes !* De grâce, réfléchissez-y bien pendant qu'il en est temps encore. Soyez clémente et méditez ce vers fameux de Legouvé, — père de Wilfrid :

Respecte au moins ce sexe à qui tu dois... ton père! »

Eh bien! mais, cher confrère, voyez comme cela se rencontre, j'écris précisément ce volume pour dire aux hommes :

Respecte au moins ce sexe à qui tu dois... ta mère!

Je veux les prier de perdre un peu cette détestable habitude de dire, par ton, par genre, par vengeance, par dépit, du mal des femmes.

La femme a été, de tout temps, un grand sujet d'étude pour l'homme; un scalpel à la main, il l'a disséquée moralement et physiquement.

Avec acharnement et sans pitié aucune, il a fouillé les replis les plus secrets de son cœur.

Ses vices, ses défauts, ses travers, rien n'a échappé à son esprit biographique et inquisiteur.

Il a classé les femmes en différentes catégories : *la sentimentale, la coquette, la femme incomprise, la femme légère, la femme de quarante ans, celle de trente, celle qui se donne, celle qui se vend, l'artiste, le bas-bleu, la grande dame, la bourgeoise, la lorette, la femme entretenue, la femme de théâtre.*

Tous ces types, créés par lui, lui ont

fourni des sujets d'études satiriques, remplis d'*humour* et surtout de malice, souvent de méchanceté.

Oh oui! l'homme a été sans pitié pour les vices, les travers, les faiblesses des femmes, pour leurs ridicules.

Mais je me demande pourquoi il n'a pas mis le même acharnement à fouiller le cœur de l'homme?

Pourquoi il a beaucoup moins exercé sa verve satirique contre les défauts, les vices, les ridicules des hommes?

Pourquoi il ne les a pas classés, eux aussi, par catégories?

Pourquoi il ne nous a pas esquissé

certains types d'hommes, qui pourtant en valaient la peine, et qui auraient fait un digne pendant à certains types de femmes dessinés par lui ?

Oui, je me demande pourquoi... et ne trouve pas. Serait-ce la modestie qui l'aurait empêché de trop s'occuper de son sexe ?

Je ne crois pas, car la modestie n'est pas la vertu dominante des hommes !

Je serais plutôt tentée de croire que c'est parce que vous auriez eu trop de mal à dire de vous autres, messieurs... vous avez trouve plus commode d'exer- cer votre esprit caustique et méchant sur les femmes... bien obligées de la préférence; toutes, n'en doutez pas, nous sommes fort sensibles à ce gracieux et charitable procédé.

Pour mon compte, je veux vous prouver ma profonde gratitude en essayant de vous rendre la pareille. Je ne regrette qu'une chose, c'est de ne pouvoir le faire avec autant d'esprit que quelques-uns de vous autres, messieurs, en ont dépensé pour attaquer les femmes

II

DE L'HOMME ET DE LA FEMME

Jadis un concile s'assembla pour délibérer sur cette grave question, à savoir, si la femme, tout comme l'homme, avait une âme. Je ne sais trop quelle fut la décision de cette docte assemblée, mais ce que je sais, c'est que j'aurais éprouvé un véritable plaisir à faire la réponse suivante à ces messieurs : « Il faut que vous sentiez que la brute est dominante chez vous pour en être venus à vous demander si celle de qui vous êtes une partie, la chair de sa chair, les os de ses os, si celle qui vous a portés neuf mois en elle, qui vous a mis au monde, qui a guidé vos premiers pas dans la vie, qui a formé votre jeune esprit, votre cœur, est une brute, ou si elle est une créature intelligente créée par Dieu à son image!...

Aujourd'hui, les hommes nous font l'honneur de croire que, comme eux, nous avons une âme : la question est vidée ; mais, dans leur for intérieur, ils sont encore très-persuadés qu'ils ont sur nous une grande supériorité intellectuelle.

Et pourtant quelle erreur et quelle fatuité est la vôtre ! Croyez-moi, rien n'est moins sûr que ça !

Volontiers les hommes disent et croient que la pensée du divin Créateur a été manifeste, qu'il a créé l'homme comme le roi de la création, et qu'il a créé la femme inférieure à lui... Ils ajoutent que l'ordre suivi dans la création l'indique, du reste.

Eh bien ! mais c'est tout juste le contraire. Suivez plutôt mon raisonnement.

Dieu créa d'abord la terre ; il fit ensuite la lumière ; il créa les poissons qui nagent dans l'eau, les oiseaux qui volent dans l'air ; après, il peupla la terre de toutes sortes d'animaux, bœufs, moutons, serpents, buffles, éléphants, etc.

Il se dit ensuite : Faisons un être au-dessus de tous les autres par son intelligence, un être qui ait comme nous une âme immortelle : il prit de la boue, de la simple boue, notez bien cela, et il fit l'homme, Adam, votre père à tous, messieurs !

Puis il créa la femme, Ève! remarquez que pour elle il trouva que la boue était trop indigne; il prit une matière qui déjà avait été purifiée par son souffle divin, une côte, une portion d'Adam pour former Ève.

Eh bien! ou vous êtes forcés de dire et de croire que la boue est une matière moins indigne qu'une partie de vous-même, ce qui serait peu flatteur, ou vous êtes forcés de convenir que le Créateur nous a formées avec plus de soin, plus de délicatesse que les hommes!

A présent, examinons l'ordre qu'il a suivi dans la création des êtres animés :

les poissons, les oiseaux, les animaux qui peuplent la terre, l'homme et la femme.

Si les hommes n'admettent pas qu'il a commencé par le moindre, pour arriver au plus, ils seront forcés de reconnaître que les homards, les merlans, les crocodiles, les requins, leur sont supérieurs, puisqu'ils sont leurs aînés dans la création !

Que les chouettes, les hiboux, les canaris, les moineaux, les vautours, etc., etc., leur sont supérieurs, puisque ceux-là aussi jouissent sur eux du droit d'aînesse.

Que les buffles, les ânes, les mulets, les dromadaires, etc., etc., leur sont encore supérieurs.

Si, comme j'en suis sûre, les hommes ne donnent pas à ces animaux le droit de supériorité sur eux, ils seront forcés d'avouer que Dieu a commencé du moins pour arriver au plus, que, dans la création, comme au banquet des élus, la dernière place était la meilleure; que le divin Créateur a voulu finir l'œuvre créatrice par la plus parfaite, la plus complète créature.

Quelle est cette créature?

C'est la femme!

De par Dieu donc nous sommes créées non inférieures à l'homme, mais supérieures.

Est-ce assez clair?

Est-ce assez logique?

Je crois que oui.

Les hommes donnent encore comme preuve de leur supériorité sur la femme, la plus grande dose de force brutale que Dieu leur a donnée!

Croyez-vous que cela constitue une supériorité? Alors je vous assure que l'éléphant en a une grande sur nous. Il peut tuer roide un homme d'un coup de sa trompe, l'écraser en marmelade sous son large pied. Le chameau porte sur son dos avec le plus grand calme des poids de mille et mille kilos : le croyez-vous supérieur à vous autres pour cela, messieurs?... Non, vous dites : il a plus de force physique, voilà tout.

Eh bien! la femme a moins de force physique ou brutale que l'homme, voilà tout!

Arrivons à l'intelligence!...

Si nous remontons à Adam et Ève, vous m'avouerez bien que ce bon père Adam en a peu montré : la fameuse pomme a été mangée!

L'histoire nous dit : Ève a pris l'initiative et a tenté son époux.

Si elle n'a pas fait preuve d'esprit, d'obéissance, elle a au moins prouvé qu'elle avait l'esprit d'initiative et de l'imagination ! Adam n'en avait pas, le courage de résister lui a manqué aussi. Vrai, son rôle a été assez bête, et le père des hommes n'a pas donné une haute idée de sa supériorité sur notre mère Ève !... Depuis, dans les siècles passés, dans le siècle présent, si l'homme arrive à faire de grandes et belles choses, c'est toujours pour la femme et par la femme !

Un juge disait, avec raison peut-être, quand on lui amenait un criminel : « Où est la femme ? »

Dans les œuvres d'art, de génie, de bravoure, on peut aussi demander par chaque homme qui les a accomplis : « Où est la femme ? »

Si elle est la cause du crime, elle est aussi le mobile du grand, du beau, du sublime !...

Depuis que le monde est monde, depuis que la femme est femme, il est des femmes qui se sont illustrées dans toutes les œuvres de l'esprit, de l'intelligence, qui se sont rendues célèbres dans les arts, la science et la guerre, par leur bravoure, leur héroïque courage.

Souveraines, guerrières, artistes, savants, nous avons eu tous les beaux types, et la femme a prouvé qu'en tout et pour tout elle était aussi bien organisée que l'homme.

Le nombre des femmes qui se sont rendues illustres est moins grand que celui des hommes, dira-t-on.

C'est vrai.

Mais cela ne prouve nullement que la femme ait moins d'intelligence, soit moins apte aux grandes œuvres du génie que l'homme.

Non.

Si le nombre de femmes arrivant à la célébrité est minime par comparaison, cela tient à trois causes.

La première, c'est qu'à la femme Dieu a donné la plus belle, la plus noble, mais aussi la plus pénible, la plus douloureuse des missions : celle de former dans son sein, de mettre au monde les enfants, de guider leurs premiers pas incertains, de former leur cœur, leur esprit, de leur inculquer les premières notions du bien et du mal. Mission sublime, qui mieux que tout prouve ce qu'elle est, ce qu'elle vaut.

Pour que Dieu lui ait confié cette mission, il faut qu'il l'en ait jugé digne, il faut qu'il ait eu bien soin de lui donner un cœur accessible à tous les beaux et nobles sentiments, à cet inaltérable dévouement, à cette suprême abnégation que demande l'état maternel ; il faut qu'il lui ait donné une grande intelligence pour la juger digne de former celle de ses enfants.

Il faut qu'il l'ait dotée d'une grande dose de force morale, et physique même, pour lui imposer les souffrances, les douleurs de la maternité !... Cette tâche pénible, cette sublime mission prend beaucoup de son temps et lui enlève les loisirs de s'adonner aux œuvres d'art et de science; mais cela n'empêche pas qu'elle n'ait les aptitudes nécessaires à ce genre de travail, quand elle le peut, et si elle le veut.

La seconde raison est celle-ci :

Les hommes sont égoïstes; ils sont jaloux de cette prépondérance qu'ils se sont abusivement donnée, et ils font tout leur possible pour amoindrir, étouffer l'intelligence de la femme... On lui donne une instruction élémentaire, insuffisante... On la relègue au second plan, lui attribuant les détails prosaïques de la vie...

Si l'une d'elles brise les entraves et essaye de s'élever... de suite mille voix railleuses la huent, la persifflent; votre colère dissimulée sous une amère moquerie la poursuit; bien loin de lui tendre une main secourable et amie, d'une main sacrilége et impie vous essayez de briser le piédestal qu'elle veut se faire ou qu'elle s'est fait.

Vos lois, vos usages, tout est créé par les hommes de façon à asservir, à amoindrir les qualités, l'intelligence des femmes, et à empêcher qu'elles puissent prendre leur essor naturel : ce qui tendrait à prouver que le sexe fort a conscience que la femme pourrait bien finir par lui prouver sa supériorité. On n'est jaloux que de ce qu'on craint.

La troisième raison est bien celle qui prouve le moins en faveur des hommes.

Dès qu'une femme arrive dans la guerre, dans l'art de gouverner, dans les sciences, dans les arts, dans la littérature à se faire une réputation ; dès que les hommes la voient marcher vers la célébrité, ils sont tous acharnés après elle, ils discutent son talent, la raillent

3.

impitoyablement, ils essayent par tous les moyens possibles de l'amoindrir, de l'annihiler.

Je pose en fait, que pour qu'une femme réussisse dans quelque carrière que ce soit, il faut qu'elle ait dix fois plus de talent qu'un homme : car, lui, trouve une camaraderie prête à l'aider, à le soutenir, et la femme a à lutter contre un parti pris de malveillance.

L'homme en marchant dans une carrière a un but ; il sait que ses efforts seront couronnés, récompensés. L'Institut, l'Académie, lui ouvrent leurs portes ; la croix de la Légion d'honneur, un poste élevé lui seront donnés….Mais la femme n'entrevoit rien de tout cela ; on croirait que l'intelligence, le talent, doivent être récompensés aussi bien chez la femme que chez l'homme... Ce dernier en a jugé autrement ; étant juge et partie, il a tout gardé pour lui.

On pourrait appeler cela de l'égoïsme !

Ce sentiment de colère, d'envie, qu'excite chez l'homme la gloire de la femme, s'est manifesté dès le cinquième siècle de l'ère chrétienne.

Tout le monde sait que la fameuse école d'Alexandrie avait pour orateurs les plus grands théologiens et les plus grands philosophes ; saint Jérôme, Origène, Théophile, Chrysostome, Cyrille, etc., en faisaient partie.

Au milieu de toutes ces vastes intelligences, de tous ces sublimes génies, soudain apparaît une jeune fille, belle de ses vingt ans, et d'une rayonnante beauté, et aussi d'une vertu sans tache, elle leur dit à tous : Place pour moi !

Moi aussi je veux cueillir les lauriers de la gloire !

Elle monte dans la célèbre chaire d'Alexandrie, et se met à expliquer à une foule enthousiaste et charmée Aristote et Platon.

Son succès égale son talent et son éloquence; on fait foule pour entendre la
jeune et belle Hypathias, fille du mathé-
maticien Théon.

Eh bien! que croyez-vous que firent
ses adversaires barbus?... Qu'ils l'ap-
plaudirent, l'encouragèrent!... Allons
donc!...

Furieux, exaspérés de voir une faible
femme oser leur disputer la palme du
savoir et de l'éloquence, ils l'écharpè-
rent, la mirent en pièces...

Voyez plutôt comment l'histoire nous
raconte cet horrible assassinat :

« Un jour, les adversaires, les collègues d'Hypathias, ayant saint Cyrille en tête, attendirent la jeune fille dans une rue où elle avait coutume de passer en sortant de faire son cours.

« Elle arrive dans son char, le front brillant de beauté et de gloire, elle est acclamée par la foule.

« Saint Cyrille et ses compagnons, dont faisait partie Pierre, un des licteurs de l'Église, entourent le char, en arrachent Hypathias, ils l'écharpent, jetant au vent les lambeaux de sa chair.... »

Voilà un procédé peu parlementaire s'il en fut, pour avoir raison d'une rivale!...

Croyez-vous que cet horrible assassinat fût puni?

Non.

La belle Hypathias n'avait-elle pas commis le crime de prouver à ces doctes savants qu'une simple femme pouvait s'élever aussi haut qu'eux!...

Voilà l'accueil peu encourageant que les hommes ont fait à la première femme qui a eu le noble amour-propre de vouloir s'élever par la science!...

Cela a pu un peu refroidir l'émulation des autres.

Vrai, il y avait de quoi.

Dans notre siècle, il faut l'avouer, on

y met plus de procédé. Les femmes qui cherchent à se faire une petite place au soleil, qui se posent dans les arts ou dans les lettres comme rivales des hommes, n'ont plus à redouter le triste sort d'Hypathias...

Non, ces messieurs se contenteront d'écharper leur réputation, de discuter, de railler leur talent... un objet d'art, un livre est-il signé par une femme, de parti pris ils critiquent, sans faire l'honneur à cette œuvre d'une attention sérieuse et impartiale... C'est d'une femme, disent-ils, avec une petite moue dédaigneuse !

- Il faut une grande dose de courage et de persévérance à la femme pour ne pas se rebuter et pour arriver...

Et celle qui a, hélas ! besoin de travailler, de réussir, a beaucoup de difficultés, tellement elle rencontre peu de bienveillance chez les hommes, grâce à un sot égoïsme d'esprit de corps.

Certains hommes ont toujours à la bouche et au bout de la plume, cette phrase :

« Les femmes sont créées pour faire cuire leur pot-au-feu et ravauder des chaussettes. » Très-bien...

Mais lorsqu'elles n'ont ni pot-au-feu,

ni chaussettes, et qu'il faut qu'elles ga-
gnent de l'argent pour s'en acheter, que
faut-il qu'elles fassent ?

Autre chose que des arts ou de la littérature, direz-vous.

Ceci est de la tyrannie ridicule...
L'homme qui a besoin de travailler pour
vivre choisit l'état, la profession qui con-
viennent le mieux à ses aptitudes, à ses
goûts.

Pourquoi voudriez-vous enlever ce
droit à la femme ?

A celles qui, à cause de leur éducation, de leur famille, de leur nom, ne

peuvent, si l'adversité les frappe, se faire femmes de chambre, lingères ou ouvrières, il ne reste, hélas! pas tant de carrières ouvertes pour vouloir leur interdire les arts ou la littérature.

Depuis que Molière a fait *les Femmes savantes*, certaines gens s'entêtent à ne voir dans la femme écrivain, qu'une femme bas-bleu, pédante, romanesque, qui, pour chercher une vaine gloire, néglige son intérieur, les soins à donner à ses enfants.

C'était peut-être vrai au temps de Molière; mais, aujourd'hui, ce que je sais fort bien, et ce que certaines personnes ignorent ou font semblant d'ignorer, c'est que la plupart des femmes qui prennent la plume en main ont un but plus pratique, plus noble, plus sérieux, que de donner carrière à leur esprit romanesque et au désir d'une vaine gloire. Elles ont le but de gagner de quoi acheter leur pot-au-feu, leurs chaussettes, de nourrir et faire élever leurs enfants!

On a dit et l'on dit que le peuple français est le peuple le plus galant du monde.

C'est possible.

Mais, en tout cas, les femmes préféreraient qu'il fût un peu moins galant et

mieux pénétré de ce qu'il doit au sexe
qui, pour lui, est le synonyme de mère,
sœur et fille.

III

**BIEN DES CHOSES ILLOGIQUES DANS LE MONDE
ET DANS LE CODE**

Les hommes disent : « La femme est un être faible. »

Eh bien ! je veux me ranger de leur avis, et je reconnais que la femme est un être faible !

Ceci admis, il faut avouer que les hommes sont bien peu logiques en bien des choses, en celles-ci entre autres :

L'enfant est, avec raison, reconnu comme un être faible; aussi le monde, les lois sont, pour ses fautes, remplis d'indulgence.

Et vous imposez à la femme, que vous appelez un être faible, l'infaillibilité.

Tandis que vous autres hommes, le sexe fort, le sexe barbu, vous vous reconnaissez le droit de faillir, en disant : l'homme est si faible !

Pour la femme qui a failli, le monde, les lois sont implacables... à tous les *mais,* vous répondez, vous les juges, *elle ne devait pas faillir!* c'est-à-dire qu'il faut que cet être, que vous appelez faible, soit plus fort que vous autres, qui vous dites forts... Il faut qu'elle soit infaillible!...

Pour cet être, réputé faible par vous autres, point de merci, point d'indulgence... Aucune circonstance atténuante n'est admise par vos lois... Elle ne doit pas pécher!... Mais, vous autres hommes, vous autres formant ce sexe fort... vous vous êtes fait une morale des plus faciles... Pour vous autres, vous êtes remplis d'indulgence, vous excusez toutes vos actions par ces mots : « L'homme est faible... »

Avouez, au moins, que votre logique n'est pas grande !...

Avouez qu'abusant de la position de maître souverain que vous vous êtes faite dans le monde, sous prétexte que la force et l'intelligence étaient pour vous, vous vous êtes réservé le droit de tout faire... Vous avez semé plaisir et roses sous vos pas... et avez jeté sur notre route, à nous, pauvres femmes, des ronces et des cailloux à pleines mains... toujours sous prétexte, sans doute, que nous sommes de faibles créatures !...

Est-ce logique?

Un homme voit une jeune fille, bien jeune, bien naïve... Pour la séduire, il met en œuvre tout son génie infernal, son expérience du mal.

S'il réussit, si la jeune fille succombe, voilà une action blâmable commise, un crime aux yeux de la morale. A ce crime, deux complices, l'homme qui a entraîné la femme, qui a d'abord eu l'initiative, qui l'a séduite... Mais voilà que le blâme reste en entier au moins coupable des deux... la jeune fille porte seule la peine de la faute : pour elle, le déshonneur, le blâme, le mépris... pour lui, rien! un triomphe de plus. On dit avec un sourire : « C'est un don Juan. »

Un jour, alors que sa passion, son amour, ou son caprice, seront éteints, lui-même méprisera cette candide jeune fille, sans se souvenir de tout ce qu'il a dépensé d'adresse, de rouerie, de four- berie, pour la faire succomber... Il dira : « Si elle avait été honnête, elle m'aurait résisté... » Le monde dit aussi cela, lui aussi, tout en appelant la femme un être faible; il exige que même la jeune fille soit infaillible, et qu'elle sache, elle naïve et candide, résister à l'homme le plus séduisant, le plus trompeur, le plus roué!..

Est-ce logique, je vous le demande?

. . . .

Un homme est amoureux d'une femme, il lui fait la cour ; pour arriver à se faire aimer, il emploie tous les moyens : il devient un diplomate excellent, il déploie toutes les ressources de son esprit, toutes les grâces séductrices que Dieu lui a données.

Quand il est parvenu à se faire aimer, il persuade à la femme que l'amour sanctifie tout, même l'adultère ; il plaide avec art, avec passion, il feint le désespoir, il parle de se brûler la cervelle, de s'expatrier, si celle qu'il aime ne lui prouve pas son amour... Eh bien ! s'il parvient à rendre la femme coupable, lui-même, un jour dira d'elle : « Ah ! ce n'est pas une femme vertueuse ! »

Si elle résiste, il y a gros à parier qu'il deviendra son implacable ennemi, ou que, pour masquer sa défaite, il se targuera d'une bonne fortune qu'il n'a pas eue...

Avouez que c'est mettre les femmes dans une triste alternative ?

Les hommes se plaignent continuelle-
ment que les femmes d'aujourd'hui sont
trop mondaines, trop dépensières, que
le mariage devient chose impossible...
Et pourtant voyez les jeunes filles co-
quettes, mondaines, commençant à aller
au bal à seize ans, s'y montrant parées
richement, ayant déjà des allures éva-
porées, légères ; bien rarement ces jeunes filles-là restent vieilles filles ; toujours elles trouvent un imprudent qui
les épouse, quitte à crier après contre
le luxe effréné des femmes et leurs goûts
mondains, sans songer, le moins du
monde, que lui seul est coupable, puis=

que, au lieu de prendre pour femme
une jeune fille élevée sagement, modes-
tément, il a épousé celle-là.

Il est encore, croyez-le, Messieurs, des
jeunes filles élevées pour faire de bonnes
mères de famille, n'ayant pas des goûts
mondains. Mais de celles-là vous n'en
voulez pas, vous jetez sur elles un petit
regard dédaigneux, et vous allez porter
votre cœur à cet oiseau au beau plumage... Vous prenez la rose et faites fi
de la violette !

Très-bien ! mais ne vous plaignez pas.

Surtout cessez d'accuser les femmes,
en tout et pour tout ; vous devriez tou-

jours dire : « C'est ma faute, ma très-grande faute ! »

Le vieillard cacochyme, au lieu d'épouser une veuve d'un certain âge ou une vieille fille... épouse une toute jeune, toute belle jeune fille... et si, un jour, il lui en mésarrive, il maudit les femmes, les accable d'anathèmes...

Avouez pourtant qu'il a été le plus fou et le plus coupable !...

Le jeune homme qui n'a qu'une modeste aisance, et peu ou pas les goûts du monde, va prendre femme dans le monde, au lieu de la chercher dans un milieu sagement bourgeois...

Les hommes ne voient pas une jeune et jolie paysanne, ou ouvrière, sans mettre tout en œuvre pour la détourner de cette vie honnête et laborieuse… ensuite ils se plaignent avec étonnement du grand nombre de femmes entretenues, de lorettes, qu'il y a à Paris !…

Encore et toujours ils oublient de dire : *Mea culpa !*

Ils méprisent ces femmes, qui pourtant ne sont ce qu'elles sont que par la faute des hommes !

Est-ce assez illogique ?

Pousser une personne au mal, le commettre avec elle, la jeter par ses conseils dans une vie de désordre, et ensuite la mépriser parce qu'elle a trop écouté vos perfides paroles!...

.   .   .   .

.   .   .   .

Je voudrais bien savoir, si ce mode inqualifiable de spéculation, n'avait pas encore germé dans l'esprit des Français, ce que nous dirions si un intrépide voyageur, revenant d'un pays barbare, nous racontait que, dans ce pays-là, il y a des maisons de mariage; que l'on voit à la quatrième page de certains journaux des annonces ainsi conçues :

« M. X... maison de confiance, grand

choix de jeunes veuves et de jeunes filles, depuis vingt mille francs jusqu'à un million de dot... » et si surtout ce voyageur nous assurait que bien des hommes, et du meilleur monde encore, ruinés, criblés de dettes, s'adressent à ces maisons pour avoir une femme, non, je me trompe, une somme de..... pour payer leurs dettes, et la femme en plus.

Si l'on vous disait : « C'est ainsi qu'ils choisissent celle qui doit être leur compagne, celle qu'ils feront dépositaire de leur honneur, la mère de leurs enfants ! »

Vous diriez, vous tous Français, à cet étranger : « Mais, dans ce pays-là, ils sont de vrais barbares ! ils ne savent ni ce que c'est que l'honneur, ni la dignité d'un homme !...

« Ils font du mariage, cette sainte et respectable institution, un honteux trafic, une spéculation !...

« Fi l'horreur ! »

Eh bien ! grâce aux tendances déplorables de notre siècle, qui font de l'or le but principal de la vie, tous les moyens sont bons pour en gagner.

Le Français en est arrivé à regarder avec indifférence ces maisons de mariage.

D'autres ne rougissent pas d'y prendre

femme, et surtout l'argent qui leur est nécessaire pour solder leurs débauches passées !

. . . .

. . . .

Un homme fera la cour à la femme de son ami le plus intime, il n'en rougira pas, il s'en fera même gloire s'il a réussi.

Pour la décider à oublier ses devoirs, il trouvera mille raisons, il essayera de lui persuader qu'en le faisant elle sera excusable, qu'il n'y aura aucun crime cela.

Mais si son ami, à lui, lui joue le

même mauvais tour, il l'accablera d'in-
jures, il ne trouvera pas de mots assez
durs pour qualifier sa conduite.

Sa femme?

Il la tuera, la méprisera, ou la chas-
sera!...

Est-ce logique?

Car n'était-il pas prêt à soutenir qu'il
ne commettait pas un grand crime en
séduisant la femme de son ami, et que
cette femme n'était pas coupable, puisque l'amour excusait tout?

. . . .

. . . .

. . . .

. . . .

La femme n'est ni libre, ni heureuse
en France :

J'en suis persuadée, tous les hommes
vont se récrier et dire que je ne sais ce
que je dis, que c'est en France que la
femme jouit de la plus grande liberté,
qu'elle est la plus heureuse.

C'est là ce qu'on a répondu à tous les
orateurs, à tous les auteurs qui ont
voulu élever la voix en faveur de la
femme.

Cela ne prouve qu'une chose, c'est
que le Français est bien le peuple le plus

léger, le plus superficiel du monde entier ; il n'approfondit pas et il juge les choses d'après les apparences.

Je pose en fait que si le peuple français examinait sérieusement, sans parti pris, la position que les lois, le monde, l'égoïsme de l'homme, font à la femme, en France, il serait de mon avis, et, songeant à ses sœurs, à ses filles, il frémirait d'épouvante, et il élèverait la voix hautement en faveur de cette cause sacrée, jugeant qu'elle est, pour le moins, aussi grave que celle de la décentralisation ou autres.

La femme n'est pas libre en France !

Je vous avertis de suite que, par liberté, je n'entends pas celle qu'on lui
laisse, de montrer son visage, d'aller au
bal à moitié nue, de passer son temps
au bois, au théâtre, de faire des dépenses folles pour se parer de vains atours,
d'avoir auprès d'elle une cour de dé-
sœuvrés, qui ne cherchent qu'à la pousser au mal, à ternir sa réputation... Non,
je ne parle pas de ce genre de liberté,
car je trouve qu'elle en a beaucoup trop ;
on lui en ôterait, que j'applaudirais du
fond du cœur.

Les lois, les usages, les hommes, con-
courent à qui mieux mieux à porter, à

pousser la femme à oublier que la vertu est son plus bel ornement; que la vertu est à la femme ce qu'est le parfum à la fleur, son principal attrait! Et, ensuite, lorsque quelques-unes d'elles ont eu le malheur de succomber, elles ne rencontrent, dans le monde, dans les lois, chez les hommes, qu'implacabilité, et non pas le pardon, comme la Madeleine aux pieds du divin Maître!

Ceci est encore un manque de logique!...

La liberté que je réclame est une liberté plus sérieuse, plus digne d'un être raisonnable, intelligent, d'un être égal à l'homme.

C'est d'être traitée par les lois, par le monde, comme un être intelligent, et non comme un enfant.

Car, en France, la femme est toujours en tutelle; l'homme est son tuteur de droit... En vrai tuteur de comédie, il use, le plus souvent, de sa position pour dépouiller, pour opprimer sa pupille.

Je réclame pour elle l'égalité devant la loi;

Son émancipation dans les choses sérieuses!

Je demande que, tout comme l'homme,

elle devienne majeure... Jeune fille, son père est son tuteur, rien de mieux ; mais, mariée, qu'elle reste sous la tutelle de son mari, c'est absurde.

Aussi, voyez la position d'une femme mal mariée : si elle est mariée sous le régime de la communauté, son mari, quelque fortune qu'elle lui ait apportée, peut en disposer à son gré, la manger avec la première danseuse venue... Vous me répondrez que, dans ce cas, la femme a le droit de demander une séparation de biens au tribunal... D'abord, comme elle ne peut le faire que lorsque sa fortune est aux trois quarts gaspillée, ou en totalité, c'est un peu tard, et cela ne lui sert plus à rien ; ensuite, c'est toujours une triste nécessité que celle où l'on est d'aller conter en public ses affaires de famille à un tribunal, d'aller accuser le père de ses enfants, celui dont on porte le nom.

Ne vaudrait-il pas mieux laisser, en mariage, le droit à la femme de gérer sa fortune ?

Vous me direz à cela qu'elle pourrait la dépenser mal à propos... Voyez les femmes veuves ; font-elles plus de folies que les hommes ? Se ruinent-elles, gèrent-elles mal leurs affaires ?

Non, l'expérience est là pour prouver que la femme libre de sa fortune, ne la gaspille pas, au contraire! Et, en tout cas, il vaudrait tout autant qu'elle-même dépensât une fortune qui lui vient de sa famille, que de la voir gaspiller par son mari, le plus souvent avec d'autres femmes!

Dans le régime dotal, le mari ne peut disposer du capital argent que lui a apporté sa femme, mais il a le droit de faire ce qu'il veut des revenus, de laisser sa femme dans la misère, ou à peu près, et lui, de vivre gaiement avec les rentes de sa femme!

Ceci ne me paraît ni juste, ni logique!

Le tribunal, il est vrai, condamne l'homme qui laisse sa femme dans le besoin... Mais il appelle *besoin* manquer de pain, de souliers, de vêtements! Voyez comme une femme qui a apporté cinquante mille francs de rentes à son mari doit être satisfaite si celui-ci se contente de lui donner le pain de tous les jours, une paire de souliers cloués tous les six mois, avec une robe de bure pour l'hiver, une d'indienne pour l'été, et qu'elle sache que le surplus de ses rentes sert à acheter des robes de velours et des mantelets de dentelles à une autre femme ! Cela s'est vu et se voit, hélas !

Ne serait-il pas plus naturel qu'elle pût disposer de cet argent, bénéficier des faveurs de la fortune et dépenser ses rentes un peu selon ses goûts.

Mais, me direz-vous encore, vous ne parlez là que pour les femmes qui ont de mauvais maris. C'est vrai : pour les bons maris, le code, les lois sont inutiles. Le code est surtout pour les criminels ; les lois qui doivent régir le mariage sont surtout faites en prévision des mauvais maris, et non des bons.

Maintenant, la loi, le code, accordent

encore à la femme le droit de se séparer de son mari.

Mais il faut pour cela qu'elle ait été battue par lui devant témoin, dit la loi, ce qui tendrait à faire supposer qu'en tête-à-tête il en a le droit... On m'accordera bien qu'un mari peut être un fort mauvais mari, et n'être pourtant pas aussi mal élevé qu'un crocheteur!

Ou bien il faut que le mari entretienne une femme sous le toit conjugal. Notez que cela lui donne le droit de l'entretenir sous un toit voisin, ce qui n'est ni plus moral, ni plus agréable pour la femme légitime!

Pourquoi, je le demande, ne pas reconnaître l'égalité de l'homme et de la femme dans la question de fidélité conjugale?

On me dira : L'infidélité de la femme a plus d'inconvénients. Cela peut être vrai. Mais la loi devrait être juste et logique; or, le cœur de la femme est fait comme celui de l'homme : il est accessible au dépit, au désir de la vengeance, à la faiblesse; ses sens, tout comme ceux de l'homme, peuvent l'entraîner à faillir, Vouloir lui imposer une fidélité rigoureuse à l'homme qui excite son dépit, sa colère, en ayant une maîtresse, qui la délaisse complétement alors qu'elle est jeune, dans la force de l'âge, c'est sans doute très-sage, très-moral. Reste à savoir si c'est possible!...

La loi est faite de façon à exiger de la femme d'être la vertu incarnée, de n'avoir ni sens, ni faiblesses, de rester intacte et pure, quelque mari qu'elle ait. Mon Dieu! je reconnais que c'est le devoir de la femme, qu'elle doit être ainsi, que la femme infaillible est digne de respect et d'admiration. Mais tout, depuis la Bible jusqu'à l'Évangile, nous dit que la femme, tout comme l'homme, est sujette à faillir, et je trouve que la lui serait plus sage, si, au lieu de lui demander l'infaillibilité, c'est-à-dire l'impossible, elle lui rendait le devoir, la vertu plus faciles; en montrant moins d'indulgence pour l'homme, en établissant l'égalité devant les devoirs conjugaux, elle y arriverait.

Lorsqu'une femme est séparée de son mari, lorsqu'elle a eu des motifs assez graves pour obtenir cette séparation, elle reste néanmoins sous la tutelle de son mari ou du tribunal.

Cette tutelle ne lui est d'aucun secours, elle ne lui tend point une main secourable, elle l'entraîne seulement à la ruine; car la femme ne peut rien faire : commerce, placement, achat, vente, sans demander une autorisation préalable, ce qui lui fait dépenser en frais d'avoués, de jugements, souvent plus que les rentes qu'elle a.

Nul ne l'ignore, la justice n'est point une chimère en France, mais pour l'obtenir il faut plaider, pour plaider il faut de l'argent!

La position de la femme séparée, même de celle qui l'est dans les meilleures conditions, est rendue intolérable par le Code!

Tout est ainsi fait par les lois des hommes, en France, que malheureusement, pour un trop grand nombre de femmes, le bâton de maréchal, c'est le veuvage...

On se plaint que la démoralisation prend des proportions effrayantes, et on a raison.

La faute en est aux hommes, et aux lois qu'ils ont faites, à leur imprévoyance, à leur sot égoïsme...

Pour chasser la démoralisation des mœurs, ou tout au moins la diminuer... il faudrait d'abord que les hommes ne fissent plus du mariage, cette sainte et respectable institution, un honteux trafic, une affaire commerciale; il faudrait qu'ils ne choisissent plus la dot, mais la femme, qu'ils la cherchassent bonne, vertueuse, ayant des goûts pouvant sympathiser avec les leurs, un caractère pouvant s'harmoniser avec le leur; qu'ils épousassent, enfin, une femme qu'ils puissent aimer, qu'ils aiment déjà, et non un sac d'écus.

Il faudrait qu'ils missent autant de soins à choisir celle qui sera leur compagne; celle à qui ils confieront ce qu'ils ont de plus précieux, leur honneur; celle qui sera la mère de leurs enfants : qu'ils missent à cela les mêmes soins qu'ils mettent à choisir sa fortune.

Il faudrait qu'ils réfléchissent à cela avant de donner leur nom à la première femme tarée, qui a l'adresse de les captiver ; il faudrait que les vieillards renonçassent à leur folie d'unir leur décrépitude à la beauté, à la jeunesse... ;

Que l'homme fût bien pénétré des devoirs du mari ; que la loi lui imposât ce qu'il impose à la femme, la stricte fidélité : que celui-là seul enfin qui se sent la force d'être bon mari se mariât.

Que si, malgré toutes ces précautions prises de part et d'autre, il se trouve que les époux se sont trompés et ne peuvent pas vivre ensemble, et si l'un des deux se conduit de façon à ce que l'autre ne puisse lui pardonner, il faudrait alors que la loi, au lieu de prononcer une séparation, qui est une chose antimorale s'il en fut, contraire aux lois du bon sens et aux lois de Dieu, prononçât un divorce, laissant les deux époux libres, elle, de se choisir un autre mari, et lui, de reprendre une autre compagne. Les mœurs, s'il en était ainsi, seraient moins mauvaises...

L'Église, direz-vous, s'y oppose; vous savez bien que non : elle reconnaît treize cas de rupture de mariage!

Le nouveau Code seul y met obstacle;

7.

il a défait une des belles institutions de Napoléon Ier!... sous le vain prétexte des enfants!... Est-ce que leur position n'est pas la même dans la séparation!... Sans compter le nombre d'enfants sans nom, d'enfants dits bâtards, voués au malheur, qui sont le produit de l'état actuel des choses... Le Code trouve-t-il cela moral et humain?...

Du reste, je me sens d'autant plus à l'aise pour me prononcer dans cette question de la nécessité du divorce, que je me trouve être exactement du même avis qu'un homme qui, avant d'être le souverain aimé des Français, était déjà un grand penseur, un habile écrivain, au jugement sûr et profond.

Napoléon III, alors qu'il n'était encore que le prince Louis, écrivait ceci dans son volume intitulé : *Des idées napoléo- niennes*, page 115 :

Après avoir énuméré, une à une, tou- tes les grandes et belles choses qu'avait faites l'Empereur Ier, le prince Louis s'a- dressant aux gouvernements qui lui ont succédé leur dit... « Si dans le séjour céleste où repose en paix sa grande âme, Napoléon pouvait encore se soucier des agitations et des jugements qui se heur- tent ici-bas, son ombre irritée n'aurait-elle pas le droit de répondre à ses accusateurs : « Tout ce que j'ai fait pour la « prospérité de la France je n'ai eu pour « l'accomplir que l'intervalle des batail- « les ; mais vous qui me blâmez, qu'avez- « vous fait pendant vingt-quatre ans « d'une paix profonde?...

« Avez-vous, etc.

« Avez-vous, etc.

« Avez-vous rétabli la loi du divorce, « qui garantissait la moralité des famil- « les? »

On le voit bien, l'Empereur ou le prince Louis, ce qui ne fait qu'un, a dit, a écrit, et pensé comme moi, que le divorce est moral, qu'il est nécessaire à la moralité des familles.

Mais si l'on me demande pourquoi l'Empereur pensant et ayant écrit cela n'a pas rétabli le divorce,

Je serai forcée d'avouer que je n'en sais rien, et que je ne me doute nullement de la réponse qu'il ferait à l'âme de son oncle, si elle lui posait cette même question?

Peut-être Napoléon III a-t-il tant trouvé de choses à rétablir en France, qu'il n'a point eu le temps encore de songer au divorce...

C'est là ce qui est le plus probable...

Le meilleur des souverains, le plus grand, ne peut faire tout à la fois, puisque Dieu a mis sept jours à faire le monde!...

La femme n'est pas heureuse en France!

Il va sans dire que je ne parle pas de celles qui ont des rentes, n'ayant d'autre souci que celui de les dépenser, qui ont été choyées, gâtées par leurs parents, et qui ont des maris parfaits.

Ce n'est pas de celles-là dont je veux m'occuper; celles-là, ni la loi, ni le monde n'ont à s'occuper de leur bonheur, puisqu'elles le possèdent.

Je parlerai de la femme du peuple, de l'ouvrière, de la fille ou femme d'employé, de la femme du monde qu'un revers jette dans l'indigence, de l'orpheline sans fortune, mais ayant de l'instruction et appartenant à une honorable famille.

La femme du peuple! mais à elle, autant qu'à l'homme, sont échus les travaux les plus pénibles : aux champs, on la voit piocher, bêcher, porter des poids lourds. Le paysan ne paraît pas trop convaincu que sa compagne est un être faible; volontiers il lui abandonne la tâche la plus lourde. Ces fatigues, jointes à celles de la maternité, la vieillissent, l'usent avant l'âge.

L'ouvrière !

Mais c'est elle, le plus souvent, qui nourrit ses enfants par son travail, et souvent elle est battue par son mari, qui veut qu'elle lui abandonne le fruit de son labeur de la semaine, pour aller le boire au cabaret ; ensuite il rentre ivre chez lui, et la malheureuse femme est encore battue...

Il est incontestable que, dans la classe ouvrière, la femme est plus laborieuse que l'homme, et remarquez qu'il faut qu'elle travaille souvent tout en étant grosse ou nourrice.

La femme de l'employé est forcée de faire des prodiges d'économie; son mari gagne deux ou trois mille francs; il faut avec cela payer loyer, nourriture, toilette; aussi, de la cuisine, qu'elle fait souvent elle-même, elle passe au salon, à la chambre, qu'elle brosse, qu'elle époussette : ensuite elle prend l'aiguille, fait ses robes, raccommode les vêtements de son mari, de ses enfants; sa vie est un continuel labeur.

Vous le voyez, tout n'est pas rose dans la vie des femmes; et, s'il en est qui passent leur vie au bois, au théâtre, à étaler de ruineuses toilettes, il en est qui passent leur vie à travailler.

Maintenant, que fait-on pour adoucir la position de la femme, que fait-on pour qu'elle puisse, avec de la bonne volonté, gagner sa vie, celle de ses enfants?

Les législateurs, les Français se sont-ils dit : « Les femmes, c'est-à-dire, notre mère, nos filles, nos sœurs, sont des êtres dignes de notre intérêt, nous ne saurions trop nous préoccuper de leur sort, de leur position! »

Se sont-ils dit cela?

Vous allez en juger.

Dans les fabriques, dans les ateliers, les femmes font le même travail que les hommes, et sont moins payées !

Les hommes de cette classe, comme s'ils voulaient condamner leurs sœurs, leurs filles, les femmes, enfin, à mourir de faim ou à se jeter dans la hideuse débauche, accaparent tous les états, toutes les places, ils sont coiffeurs, ils font les robes, les corsets, les chapeaux ; dans les magasins de mercerie, de toilerie, de nouveauté, on ne voit que des hommes, de grands gaillards sont là, mis en gandins, ils aunent les rubans, la dentelle, au lieu de labourer la terre ; et pendant que, paresseux, ils occupent ces places, une foule de pauvres filles sont sur le pavé, elles meurent de faim et un beau jour, cette mauvaise conscillère, la faim, les jette dans le vice!...

Vous les méprisez ! Plaignez-les plutôt, car beaucoup d'entre elles pleurent sur leur déshonneur, et auraient préféré que vous leur eussiez laissé une petite place au soleil pour gagner honorablement leur vie.

Que fait le gouvernement pour ces pauvres filles ?

Rien.

Songe-t-il qu'avec toutes ces inventions de machines à coudre... un plus grand nombre encore restera sans ouvrage?

Je l'espère!

Pour les hommes, il y a une foule d'écoles gratuites, il y a l'école Centrale, les Arts-et-Métiers!

Pour les femmes, rien : aucune école où, comme aux hommes, on leur apprenne gratis un métier, un état, qui leur permette de gagner honorablement leur vie!

Cela est vraiment incroyable!

8.

On compte donc la femme pour un zéro en France?

Et l'on s'étonne ensuite de la quantité de malheureuses filles qui peuplent des lieux honteux, qui étalent leur honte et leur misère sur les trottoirs !

Et les hommes n'ont pas même la bonne foi de dire *mea culpa !*... Vous seuls vous êtes coupables, grandement coupables !...

Il est une autre catégorie de femmes, qui, certes, elles aussi, mériteraient qu'on voulût bien s'occuper de leur triste sort. Ce sont d'abord les orphelines, les veuves, que les petits employés à dix-huit cents, deux, trois, quatre ou cinq mille francs, laissent sans fortune. Elles sont généralement instruites, elles appartiennent à des familles bourgeoises honorables. Eh bien ! que voulez-vous que fassent ces femmes-là ?

Quelles carrières les hommes leur laissent-ils libres ?

Quelles ressources leur offre le gouvernement ? Aucune.

Ne devrait-il pas y avoir des écoles du gouvernement pour les filles sans dot des petits employés, école où on leur apprendrait gratis les arts ou une profession honorable ?

Le gouvernement ne devrait-il pas réserver spécialement pour les femmes et filles de cette catégorie des places, des emplois ? Elles seraient aptes à beaucoup de choses, croyez-le bien.

Mais rien ne se fait pour elles; celles même pour qui les parents se sont imposés des sacrifices pour leur faire apprendre un art, comme le piano, par exemple, trouvent partout des hommes comme concurrents, même au Sacré-Cœur; et, dans tous les couvents, de préférence on prend des hommes pour professeurs...

Eh bien ! que voulez-vous que deviennent toutes ces pauvres femmes ?

Elles habitent des mansardes, se rougissent les yeux à quelque ouvrage à l'aiguille, ce qui leur rapporte trente sous par jour, de quoi porter des souliers déchirés, casser un morceau de pain dur... Si une maladie arrive, si le travail leur fait défaut, la misère, froide, horrible, devient leur compagne ; alors, ou elles demandent à la mort la fin de leur peine, ou, hélas ! elles la demandent au vice !

Si elles sont jeunes et jolies, ces pauvres victimes de la capricieuse fortune...

elles trouvent de nombreuses mains tendues vers elles, mais non pour leur offrir une aide honorable, mais pour leur donner du pain en échange de leur honneur.

Que d'hommes, que l'on dit honorables, qui eux-mêmes se croient tels, et qui ont proposé ce marché infâme à la pauvre ouvrière qui venait leur demander aide et secours !

C'est affreux et inqualifiable !

Que ceux qui font les lois, qui dirigent tout ici-bas, se disent, lorsqu'ils lisent dans un fait divers : « Telle rue, tel numéro, on a trouvé le cadavre d'une femme ou d'une jeune fille qui s'est suicidée... » Qu'ils se disent : « C'est ma faute, j'en rendrai compte à Dieu ! car, me laissant aller à ce vilain égoïsme qui fait le fond du caractère de l'homme, je me suis toujours préoccupé d'assurer le bonheur de l'homme de toutes les conditions, et j'ai oublié la femme ! »

Vous dites, sévère censeur, que c'est l'amour du luxe qui perd la femme, qui peuple le quartier Bréda et d'autres... Non, mille fois non ! C'est la misère, c'est la misère, c'est votre imprévoyance, c'est votre égoïsme !

La femme est ce que vous la faites !
A vous toute la responsabilité.

Les femmes de banquiers, les femmes
de négociants, toutes les femmes du
monde que l'adversité frappe brusquement, qui se trouvent dans la misère à
la mort de leur père ou de leur mari...

Celles-là n'ont plus, n'ont aucune carrière ouverte pour elles.

A celles qui cherchent à gagner leur
pain, celui de leur enfants, dans la littérature, on dit : *La femme est créée pour
faire cuire son pot-au-feu !*

Que voulez-vous que deviennent madame de X... la baronne de Y... ou de Z... si, du jour au lendemain, elles se trouvent sans fortune? Broder? On n'y gagne pas sa vie!

Qu'elles se fassent cuisinières, femmes de chambre, portières?

C'est la seule ressource que vous leur laissez.

Et pourtant ces femmes-là, instruites, intelligentes, pourraient occuper très-bien une foule d'emplois, si vous vouliez les leur abandonner.

Vous me direz, il y a des bureaux de poste aux lettres, des bureaux de tabac,

qu'on leur donne.... Je vous répondrai,
ces places, en petit nombre par comparaison aux femmes qui en auraient besoin, sont occupées en grand nombre
par des hommes ; les importantes surtout ; les autres sont données exclusive-
ment aux veuves des militaires. Ces
veuves-là sont dignes de l'intérêt du gouvernement, j'en conviens ; mais il est
fâcheux pour les autres qu'on n'offre
qu'à celles-là le moyen de gagner leur
vie honorablement.

Cette imprévoyance des législateurs,
des hommes d'État, ce sot égoïsme de
tous les hommes... voilà la cause, bien

plus que l'amour du luxe, du nombre effrayant de lorettes de tous les échelons qui se voient en France.

Encore et toujours la faute de l'homme !

I

L'HOMME CRAPAUD

M. CRAPAUDAS

Le crapaud est bien la plus vilaine bête de la création, je dirais la plus répugnante, si la chenille n'existait pas...

Le crapaud, on serait tenté de le croire, sait combien il est laid et repoussant, il comprend l'horreur profonde qu'il inspire à tous !

Les fleurs, lorsqu'elles l'aperçoivent, essayent de faire plier leur tiges de façon à s'éloigner le plus possible de cet être informe!...

A son approche l'herbe de la prairie frémit d'épouvante, de peur d'être souillée par lui!...

Le gravier même du sentier où il se traîne, grince et gémit de répugnance en le voyant s'avancer.

On serait encore tenté de croire que cet état de chose, peu agréable pour lui, j'en conviens, a aigri la bile du cra-

paud; il rage sourdement, et d'un œil
terne il regarde avec envie toute la création.

Ce qui est beau, joli, frais, parfumé,
a le triste privilége d'exciter surtout sa
fureur, il bave dessus avec volupté!

Il voudrait par sa bave empoisonnée
salir l'univers entier.

Vilaine bête que le crapaud, n'est-ce
pas?...

Bête dont on ne saurait trop se gar
der!...

Eh bien! pourtant, elle aussi a son
sosie!...

L'homme crapaud existe!

Il existe dans toute sa malsaine, sa hideuse laideur...

J'en connais, vous en connaissez peut-être. Oh! gardez-vous d'eux, rappelez-vous que d'un moment à l'autre ils peuvent vous souiller de leur venin. Si surtout vous avez quelques mérites, quelques dons de la nature, ils ne manqueront pas de le faire, car comme le crapaud, tout ce qui luit et brille les offusque.

M. Crapaudas fait donc partie de la famille des crapauds.

Il en a la laideur et les mauvais instincts, rien ne lui manque, même cette bave empoisonnée!...

Il a de quarante-cinq à cinquante ans, pas de barbe, la bouche grande, les lèvres avachies, il porte toujours des lunettes, et il a raison, car elles cachent des paupières rouges, des yeux ternes, qu'on pourrait comparer à ceux d'un poisson que l'on sort de la poêle. Ses cheveux sont très-noirs, moins noirs cependant que son âme...

Sa démarche est incertaine, vient-il pour entrer quelque part, il hésite, fait deux pas en avant, un en arrière ; on dirait qu'il a conscience de son indignité,

et qu'il n'ose pas se présenter... Le même
motif le porte à se lever brusquement, et
à s'esquiver plus brusquement encore,
o il arrive un autre visiteur dans le salon où il est.

Patelin de forme, d'une politesse ob-
séquieuse, parlant beaucoup des services
qu'il rend, de ceux qu'il est prêt à rendre,
du bonheur qu'il éprouve à être utile,
agréable, il passe généralement pour un
bon homme.

Sa figure est ordinairement terne
comme son regard, aucune expression
n'y brille, si ce n'est celle de la bestia-
lité... Mais vient-il à dire du mal de quel-

qu'un, à insinuer contre celui qu'il appelle son meilleur ami quelque noire et infâme calomnie, alors ses yeux s'animent d'un éclat inaccoutumé, la joie rayonne sur son visage... Il fait du mal à quelqu'un!... Il ternit une réputation intacte, il bave enfin!... Il peut se laisser aller à sa nature crapaudine... Pour lui quel suprême bonheur!...

Lorsqu'il veut abîmer moralement une personne, médire, calomnier!... il commence infailliblement par cette phrase : « J'aime beaucoup monsieur un tel, je lui suis vraiment très-dévoué, je lui ai rendu service mainte fois, c'est un bon

garçon, *mais*... » et alors il se met à dire
de lui tout le mal possible. A l'entendre
le malheureux a mérité sac et corde,
toutes les horreurs qu'il débite sur son
compte, autant d'affreuses calomnies,
sont entremêlées de ces mots : « Pauvre
« garçon, je l'aime tant... Que ne don-
« nerais-je pour le voir changer de na-
« ture, ou de conduite !... »

Le moyen de ne pas croire le mal qu'il
vous dit, ce monsieur Crapaudas, d'une
personne qu'il paraît aimer si sincère-
ment ! On se dit : Quand lui, son ami,
en parle ainsi, il faut que ce person-
nage-là vaille bien peu...

C'est sur cette réflexion qu'il a compté... Jamais il ne vous dira : Je déteste un tel... non, car alors le mal qu'il dirait de lui n'aurait plus assez de portée.

M. Crapaudas dit du mal des gens par la seule raison, que dire du mal des autres est dans sa nature... Comme aussi de leur en faire... Il fait le mal pour le plaisir de le faire, voilà tout.

Il a été employé sous Louis-Philippe, il a dit du mal de son gouvernement; il l'aurait trahi s'il s'était trouvé dans des sphères assez élevées pour que la trahison lui fût permise. Il en a fait autant pour la république, en faisant

valoir cependant ses chaudes opinions
républicaines pour obtenir de l'avancement ; à présent c'est la même chose ;
en parlant mal de l'empire, il sollicite
croix et augmentation de traitement...
Sa place n'est pourtant qu'un moyen
pour lui de se poser auprès de certaines
gens en protecteur : protection éphé-
mère, qu'il leur vend pourtant bien
cher... Écoutez-le, il connaît tout le
monde, il est l'ami de tous les puissants, il offre places, appui, se fait payer
par avance en beaux deniers comp-
tants, et puis met les gens à la porte...
Si ceux-ci se fâchent, lui s'indigne, va

répétant à tout le monde et bien haut.
« Un tel... mais c'est une horrible ca-
naille; figurez-vous qu'il a osé m'offrir
de l'argent pour lui faire obtenir telle
chose! Comme si, moi, j'étais homme à
vendre ma protection!...

« Furieux, je l'ai jeté à la porte... » Il
a l'air si indigné, que personne ne peut
croire qu'il ait lui-même demandé et
touché cet argent.

Une des principales spéculations de
Crapaudas, sont les secrets de famille.
Doucereux, patelin, insinuant, il provo-
que les confidences, mais malheur à vous
lorsqu'il possède un de vos secrets!...

C'est entre ses mains une arme meur-
trière pour vous, productive pour lui.

M. Crapaudas joint à sa position d'employé à huit ou dix mille francs, un métier qui n'est pas sans profit... Il emprunte à ses amis, à ses connaissances...
Ah! ce n'est pas pour lui, vous dit-il,
qu'il vous emprunte cet argent, c'est pour
obliger un pauvre malheureux; et là-des-
sus il vous raconte une histoire bien at-
tendrissante : comme quoi, pour obliger
ce pauvre homme, il lui prête sa signa-
ture. Un peu pour faire une bonne action, un peu pour obliger ce bon monsieur Crapaudas, vous lui prêtez votre

argent, sans intérêt il va sans dire; vous rougiriez de lui en demander pour une bagatelle de quelques milliers de francs.

Eh bien! lui, il porte ces sommes à un sien ami, usurier, son associé pour ce noble métier, et cet argent lui rapporte le vingt-cinq ou trente pour cent, moyen ingénieux mais peu honnête d'augmenter ses rentes!...

Les femmes!...

Ah! voilà surtout ce que déteste cordialement M. Crapaudas... Laid et repoussant comme il l'est, les femmes lui ont toujours témoigné une profonde antipathie, il n'a jamais eu le moindre succès auprès d'elles, ce qui allume dans son cœur une rage sourde contre le beau sexe, auquel il a voué une haine à mort.

Que de mal il est parvenu à faire à un grand nombre de femmes!...

Comment? direz-vous. Mais au moyen de la perfidie, de la trahison, d'une âme noire qui ne recule devant aucune infamie... Don Juan arrivait par la séduction, lui arrive par le crime!

Vous avez une femme bonne, jolie, une charmante jeune fille, il vient chez vous, patelin, bon homme en apparence, vous avez confiance en lui... Eh bien! lui, guette votre femme, votre fille...,

Si par malheur votre femme a la plus innocente intrigue, s'il parvient à lui arracher une confidence, à lui voler une lettre, alors il redresse son échine pliée, et dit d'un ton menaçant : « Si vous n'êtes pas à moi, madame, je vous perds, je dis tout à votre mari... »

La malheureuse épouvantée cède, et alors avec une nouvelle menace, il la tient, la torture...

Votre jeune fille... elle est pure, candide, belle... cela l'offusque, comme tout ce qui est beau ; il fera tout au monde pour ternir cette jeune âme, pour pervertir ce jeune cœur... Il la séduira,

même par la force; ensuite il lui impo-
sera silence, en disant : « Si vous
parlez à votre père il vous tuera, vous
serez une fille perdue; laissez, je répare-
rai tout, je vous trouverai un mari... » En
effet, il la fait épouser par un de ses
amis intimes. Mais alors il s'impose à la
malheureuse en lui disant sans cesse :
« Sinon, je dis tout à votre mari ! »

Il n'a jamais su parler d'aucune
femme sans essayer de ternir sa réputation. Les perdre toutes, les salir toutes,
voilà ce qu'il voudrait...

Il les déteste tant, pour l'aversion
qu'elles lui témoignent !

Ah! c'est un triste homme que M. Crapaudas, c'est un grand malheur de le connaître... La trahison, le déshonneur, la haine, l'escortent partout.

Et pourtant, ceux qui ne savent pas que c'est un misérable le croient un bon homme, obligeant et serviable.

Que Dieu vous garde de lui!

II

L'HOMME PAPILLON

M. DE LÉONVILLE

Le papillon est un gracieux lépidoptère aux brillantes couleurs.

Il est beau, mais qu'il est volage !

Grand amateur de la beauté, on le voit, dans les jardins, voler de fleur en fleur.

Il voltige autour de la rose, et lui dit de sa voix la plus douce, la plus persuasive : « Ma toute belle, je t'aime tendrement, ardemment ; je t'aime pour la vie entière, je le sens... Dis, veux-tu m'aimer ? je payerai ton amour d'un siècle de constance ?

« — Oh ! répond la rose d'un petit air incrédule, la constance d'un papillon ! »

« — Mais, belle rose, il y a papillon et papillon ; peut-être quelques-uns de mes pareils ont-ils été parjures, trompeurs avec des roses, tes amies ; mais, moi, d'un papillon je n'ai que les ailes, j'ai le

cœur d'un ramier... Si les autres lépi-
doptères sont menteurs, inconstants,
dois-je en supporter, moi innocent, la
peine ? Ne sois pas cruelle, rose chérie,
sans cela, je te le jure, tu me verras
mourir de désespoir, là, près de toi;
ton ombre aimée couvrira mon pauvre
corps privé de vie... Mourir près de toi,
ah ! ce sera encore du bonheur ! »

La rose écoute, émue et charmée, ce
doux et passionné langage. « Comme il
m'aime ! se dit la pauvre ingénue. Tous
les papillons, sans doute, ne sont pas
légers et perfides ! est-ce sa faute, à lui,
si les autres le sont ?... »

Il voit son émotion, lit les progrès que son trompeur langage lui fait faire dans le cœur de celle qu'il veut séduire. Se rapprochant alors près, tout près d'elle, il lui murmure avec passion : « Je t'aime, mon âme, ma vie ! Je t'aime à en mourir ! Aime-moi, va, aie confiance ; tu verras comme je serai fidèle et constant !... »

La pauvre rose cède ; elle lui livre son âme entière, ses parfums les plus exquis. Il s'y abreuve avec volupté, puis s'envole ! « Où vas-tu ? » lui demande la rose étonnée ?

« Où je vais ? lui dit-il d'un air moqueur, mais séduire d'autres fleurs, tes rivales, car ne crois pas, orgueilleuse rose, être la plus belle ! Je vais m'enivrer de leur parfum un instant, puis les fuir pour voler vers d'autres !

« — Quoi ! s'écrie la rose indignée, et tu viens de me jurer constance et fidélité !

« — Serment de papillon, ma chère ; il ne fallait pas t'y laisser prendre ! »

Et, sans écouter davantage les tristes reproches de la rose, il se met à courtiser une fière tulipe, sa voisine.

Pendant ce temps, un vilain frélon se pose sur la rose ; désespérée, elle appelle à son secours son amant. Mais celui-ci ne daigne pas même se retourner à sa voix; elle est pour lui le passé et la tulipe l'avenir !

La reconnaissance, pas plus que la constance, n'est connue du papillon !

La rose est toute tendresse, la tulipe, elle, est peu tendre, mais fière et hautaine.

« Pour la séduire, se dit le papillon, il me faut employer d'autres armes.

« Figure-toi, belle tulipe, lui dit-il, que cette rose niaise et vaine se croit la reine des fleurs !... Ah ! lui ai-je dit, madame, vous pouvez être la vice-reine, mais la reine ne saurait être une autre que la tulipe... Voyez son air fier et majestueux, ses couleurs éclatantes, et comme elle porte bien son royal manteau de pourpre ! — Mais, m'a dit la rose dépitée, elle n'a aucun parfum... — Le parfum, ce n'est rien, ma chère, la beauté est tout. »

La tulipe vaniteuse l'écoute avec plaisir.

Notre rusé papillon s'en aperçoit, et il redouble de flatteries, puis parle amour.

« Oh ! dit la tulipe, tu es trop inconstant !

« — Que tu te connais mal, ma chère !

vrai, tu te fais injure; avec une autre fleur, on peut l'être... mais avec toi, leur reine à toutes!... Non, c'est pour la vie que je te voue món amour. Pour moi, il n'y aura qu'une fleur dans le jardin, ma belle et rouge tulipe ! »

La tulipe croit à ces mensongères paroles, elles s'abandonne aux baisers du beau papillon, en lui disant :

« Oui, toujours nous nous aimerons ainsi, n'est-ce pas, mon bien-aimé ?

« — Oui, dit en riant le volage, prêt à prendre son essor. Toujours, c'est-à-dire une minute ! Pour la fleur, la minute vaut des années, ma chére..., »

Et il s'envole.

La tulipe furieuse le rappelle, l'accable de reproches :

« Quoi ! lui dit-elle, c'est avec moi, moi la reine des fleurs, que tu oses te conduire ainsi ?

« — Toi la reine des fleurs ! allons donc ! lui dit le papillon d'un air dédaigneux, pas même la vice-reine, prends-en ton parti, ma chère. Une fleur sans parfum... .Le parfum est plus que la beauté ! »

Il vole vers la timide violette, cachée modestement dans le gazon ; la douce odeur qu'elle exhale la lui fait découvrir, il se pose près d'elle et lui dit : « Violette , ma douce mie , que je t'aime ! Vois-tu, chère mignonne, les autres fleurs sont belles, mais elles ne sont que belles... Toi, tu es belle, tu es bonne, tu es modeste, ton parfum est enivrant ; à toi seule tu vaux plus qu'elles toutes ! Aussi comme je t'aimerais si tu le voulais !

« Comme nous serions heureux, là, cachés dans ce grand gazon, loin des regards indiscrets ! Notre amour, ignoré de tous, n'en serait que plus grand.

« — Oh ! répond la violette, tu es trop brillant pour moi ; tes belles paroles ressemblent aux couleurs qui ornent tes ailes; mais on m'a conté que tu étais trompeur, volage; moi je rêve un amour sans fin.

« — Mais, Violette, ma mie, peux-tu ne pas croire à la franchise de mes paroles? Moi, volage, allons donc! on t'a trompée; des jaloux, des envieux, qui n'en a pas?

« Du reste, avec toi, l'inconstance serait-elle possible? Où trouver plus de grâce, de modestie, un parfum plus suave? Attiré par lui, j'ai traversé tout le jardin sans jeter même un regard sur les autres fleurs. Ce qu'il faut à mon cœur, c'est un cœur tendre, fidèle, comme le tien, un cœur qui m'aime pour la vie. »

Enfin, il fait mille et mille serments d'amour, de constance... La pauvre violette y croit, elle l'aime, et lorsqu'il s'envole loin d'elle pour aller conter fleurette à une blanche marguerite, elle, elle se penche tristement sur sa tige, n'a pas un reproche pour lui, mais muette dans sa douleur, elle se dit :

« Être trompée!... c'est affreux! Aimer et n'être plus aimée, c'est pire que la mort! »

Pauvre violette! Heureusement pour

elle qu'elle est morte bien vite de sa douleur.

Le beau papillon voltige de fleur en fleur. De celle qui lui résiste, il va médire avec sa voisine : « Elle veut que je l'aime, lui dit-il, elle me fait mille avances. Mais, pour moi, elle n'est point assez jolie. »

Lorsqu'il repasse près des fleurs ses victimes, et qu'il les voit tristement penchées sur leur tige, il dit en les toisant d'un air railleur :

« Quoi ! déjà fanées ! »

Et bien vite il va se mirer dans le bassin aux eaux limpides : « Et moi toujours beau ! dit-il d'un air triomphant ; volons à d'autres conquêtes ! » Mais il n'a pas achevé, qu'une main le saisît par les ailes, les lui froissant et brisant à moitié : c'est la main d'une gaie et rieuse jeune fille, qui n'a pas même un regard de pitié pour lui.

Il va tomber mourant tout près de la tulipe, qui, sans compassion pour son triste état, le raille sans pitié : « Ah ! beau papillon ! lui dit-elle, on t'a enfin coupé les ailes ! »

Ainsi finit, le plus souvent, le brillant papillon.

De M. de Léonville c'est le portrait

12

fidèle. Vous raconter sa vie serait inutile, c'est exactement celle de ce volage lépidoptère. La tendre madame X... est la rose, la fière comtesse D... la tulipe... la timide madame L... la violette.

III

L'HOMME ALOUETTE

M. DE CALIMAC

L'alouette est un gentil oiseau qui a plus d'une qualité, entre autres celle d'être fort bon à croquer.

Mais cet oiseau a un défaut, dont, du reste, il supporte à lui tout seul les tristes conséquences.

Ce qui luit, ce qui brille, le charme,
l'attire ; aussi le chasseur malin place
dans la plaine un joli miroir, le soleil le
fait étinceler de mille rayons éblouis-
sants, et vite toutes les alouettes de la
plaine viennent près de cet appeau per-
fide. Le chasseur diligent les prend dans
son filet.

Les pauvres alouettes peuvent alors
faire la réflexion tardive, que ce qui
brille est souvent trompeur et per-
fide.

Monsieur de Calimac a beaucoup de
l'instinct imprudent de l'alouette : ce qui
brille l'attire, le charme, lui inspire une

illimitée confiance. Qu'un homme mène grand train, qu'il ait chevaux, voitures, qu'il donne de grands dîners, M. de Calimac fait tout au monde pour se lier avec lui, lui prête de l'argent, se met avec lui de moitié dans des affaires fictives ou véreuses... il est volé, trompé. Que de plumes il a déjà laissées ainsi !

Pour être reçu chez lui, il faut avoir un nom ronflant.

Lorsqu'il parle d'un ami, c'est toujours un homme titré, ou, s'il ne l'est pas, il s'en excuse en disant : « Il est archimillionnaire ! »

Pour lui l'argent est aussi un titre de

noblesse. Ah! dame! il est de son siècle, le veau d'or est le dieu devant qui il s'incline le plus bas!

Beaucoup de chasseurs ont tendu le miroir à M. de Calimac.

Une jeune veuve le lui a tendu aussi : elle s'est montrée à lui parée d'un brillant titre, d'un luxe factice; il a été ébloui, il a épousé ce bel oiseau au brillant plumage... Mais il s'est trouvé que les cent mille francs de rente qu'elle disait avoir se sont changés en cent mille francs de dettes qu'il a eu à payer; que son beau nom d'emprunt cachait celui, très-démocratique, de Michel,

Ses amis au nom ronflant lui ont tourné le dos le jour où il les a priés de lui rendre l'argent qu'il leur avait prêté...

Ces riches emmancheurs d'affaires, remueurs de millions, dépensant cent mille francs en frais de réprésentation, se sont trouvés être d'habiles escrocs, qui lui ont emporté son argent.

Ce pauvre M. de Calimac est resté ruiné et l'infortuné mari d'une femme d'aventure; il a pu se convaincre que tout ce qui brille n'est pas d'or.

Malgré son exemple bien connu, les hommes-alouettes sont encore nombreux, et ils se laissent toujours prendre au miroir que leur tendent d'habiles exploiteurs.

IV

L'HOMME CAMÉLÉON

M. DE LA RISIÈRE

Le caméléon est un joli petit lézard, qui revèt sur sa peau toutes les couleurs de l'arc-en-ciel; selon de quel côté on le regarde, il vous paraît vert, bleu ou rouge.

Le type des hommes caméléon est très-nombreux, dans les hautes régions surtout! Mais monsieur la Risière est le chef de file de ces messieurs. C'est le plus caméléon des caméléons de France.

Madame Rosamonde est une très-haute et très-puissante dame; elle est la grande distributrice de tous les honneurs, de toutes les faveurs... Aussi Dieu sait si elle a des courtisans!...

Madame Rosamonde est puissamment belle; comme telle, elle a le droit d'être capricieuse, elle use et abuse de ce droit-là.

Un de ses caprices favoris consiste à changer de couleurs : tantôt elle arbore le bleu, elle se drape de bleu des pieds à la tête.

Alors on voit M. la Risière arborer lui aussi, le bleu par préférence, cravaté bleu, fleur bleue à la boutonnière. Ah ! s'il pouvait teindre ses yeux en bleu ! Hélas ils sont noirs ! Ses idées sont d'un bleu azur... » Madame, lui répète-t-il sans cesse, il n'y a au monde qu'une couleur possible, qu'une couleur belle, c'est le bleu, toute ma vie j'ai professé le culte du bleu !... Le rouge ! fi donc, c'est une couleur peu comme il faut, le blanc...

ça l'est trop ! L'excès en tout est un défaut, vive le bleu !... » Puis il ajoute tout
bas : « Ne ferez-vous rien, belle dame,
pour un si fervent admirateur de cette
folie couleur bleue ?»

On lui accorde quelque bonne sinécure, il baise la main qui lui a fait ce
don, jure au bleu une fidélité à toute
épreuve.

Mais voilà que la belle Rosamonde
pense que le bleu est joli sans doute,
mais que le blanc, le rouge, ne le sont
pas moins, elle s'habille donc de ces
trois couleurs.

Le grand caméléon met bien vite une

cravate blanche, un gilet bleu à filet rouge... Il vient au pas de course chez la dame, et lui dit :

« Voyez, noble dame, comme ça se rencontre ! Je porte, moi aussi, ces trois couleurs... Toute ma vie j'ai professé pour elles un culte profond. Le rouge ! mais c'est une couleur riche, superbe ; le blanc ! rappelle l'innocence ; cela joint au bleu qui dit fidélité, forme un trio charmant ; le bleu seul, c'est bête, ça ne dit rien... Ah ! belle et chère Rosamonde, en tout et toujours nos opinions se rencontrent. De grâce, souvenez-vous que j'ai l'amour inné de ces trois couleurs, que je suis prêt à les porter, à les défendre, au péril même de ma vie... »

De nouveau il sollicite quelque bonne petite sinécure... Comment refuser quelque chose à un défenseur du bleu, rouge et blanc! Rosamonde ne le peut pas.

Elle accorde.

Mais voilà que dame Rosamonde, plus belle que sage, et d'une humeur tant soit peu papillonne, dit un beau jour : « Vive le vert! Le vert seul est aimable. » Elle jette loin d'elle toutes ses défroques, bleues, rouges et blanches, et elle s'habille de vert des pieds à la tête.

M. de la Risière prestement en fait de même, et le voilà criant par-dessus les toits : « Vive le vert ! »

« Que vous avez bien fait, madame, dit-il d'un air de profonde conviction, d'arborer cette couleur ; croyez-moi, les autres sont détestables, celle-là seule est bonne et jolie. N'est-elle pas le symbole de l'espérance ? » Il flatte le vert, courbe son échine devant lui, et... il obtient tout ce qu'il veut !...

Ce caméléon a de plus que les autres, un aplomb imperturbable et une grande éloquence... Avec un art infini il essaye de persuader au monde qu'il n'a jamais changé de couleur, que toujours sa bonne foi a été parfaite.

Du reste, cette peau de caméléon a servi à M. de la Risière, elle lui a rempli sa bourse, et orné sa boutonnière; joli succès, qu'on ne peut appeler un succès d'estime.

V

LES ADORATEURS ÉCONDUITS

Les adorateurs éconduits...

Voilà la catégorie d'hommes la plus dangereuse pour les femmes, celle qui leur fait le plus de mal.

Les adorateurs éconduits ternissent

13.

plus de réputations que les adorateurs heureux.

Les femmes ne savent pas assez tout le mal que leur font, que peuvent leur faire ces parasites de leur foyer!...

Ils sont reçus dans une maison, la jeune femme, aimable, enjouée par caractère, les accueille bien, elle ne soupçonne même pas qu'ils aient une arrière-pensée.

Ils sont invités aux dîners, aux soirées; d'abord ils sont très-aimables, ils hasardent quelques timides flatteries, ils sont prévenants, empressés... La dame, habituée à cette monnaie courante du monde, eau bénite de cour, trouve la chose naturelle, et n'y attache aucune importance.

Comme elle a l'habitude de sourire gracieusement, comme ses yeux sont naturellement doux, elle se sert pour eux des mêmes sourires, des mêmes regards. Eux, une certaine dose de fatuité aidant, se figurent que ce sourire est gracieux pour eux seuls, que ce regard n'est doux que poux eux. Alors, ils hasardent quelques phrases tendres.

La jeune femme n'y fait pas grande attention; elle croit avoir mal entendu ou mal compris.

Ceux-ci prennent ce silence pour une approbation ; ils parlent de leur amour, ils font une déclaration.

La jeune femme comprend alors, et elle leur répond avec ce ton froid et sec de la dignité, de la vertu blessée.

Les jeunes gens ont ordinairement le mauvais goût de persister, alors la femme les met à la porte.

Ceux-ci, furieux, disent par dépit, bien haut, que c'est une coquette, une femme sans cœur, qu'elle se fait un jeu d'allumer l'amour au cœur des hommes qui l'entourent pour se moquer d'eux après. Ce violent dépit, né de l'amour-propre

froissé, fait de ces hommes autant d'ennemis acharnés de cette pauvre femme,
qui n'en peut mais... Ils la déchirent
partout à belles dents, l'appelant coquette et légère... Ils épient ses démar-
ches, ses regards dans le monde. Malheur à elle si jamais elle faillit, et si son
secret tombe entre leurs mains ! Comme
ils se vengeront !

Il est des adorateurs éconduits, qui
moins honnêtes encore... se vantent pour
dissimuler leur défaite... Ils diront d'un
petit air dédaigneux : « Je suis mal avec
elle à présent... Que voulez-vous, elle
est d'une jalousie féroce, d'une exigence

sans pareille... Et ma foi j'en avais assez... »

Oui, les adorateurs éconduits deviennent les pires ennemis qu'une femme puisse avoir.

Les femmes doivent bien se tenir sur leur garde et se dire que tous ces petits messieurs qui sont là, aimables, attentifs, empressés auprès d'elles, qu'elles traitent sans conséquence, et reçoivent chez elles, sont autant d'ennemis toujours prêts à les déchirer.

VI

LES INCOMPRIS

Les hommes incompris ne sont ni ministres, ni préfets, ni députés, ni receveurs généraux, ni... enfin, ils ne sont rien du tout.

Mais écoutez-les...

Ils ont en eux l'étoffe d'un grand ministre, d'un diplomate distingué; ils auraient été d'excellents receveurs généraux.

Ils sont pétris de talent, d'intelligence, de science même.

Oh! si le gouvernement avait su les apprécier!... que de services importants ils auraient rendus au pays?... »

« Mais hélas! ajoutent-ils d'un air dolent, ils sont incompris!...

En amour! ils ont toujours eu peu de succès, les femmes n'ont pas perdu la tête pour eux!... Elles les ont dédaignés, et se sont moquées d'eux. « C'est, vous disent-ils, par la seule raison qu'elles ne les ont pas compris!... »

Qu'elles les auraient aimés, si elles avaient pu se douter des trésors d'amour et de dévouement enfouis dans leur cœur !

Si elles avaient pu apprécier les beaux, les nobles sentiments qui les animent!... Hélas! pour les femmes ils sont aussi restés des êtres incompris!...

Ils passent leur vie, ces hommes-là, à vous parler des belles et grandes choses qu'ils auraient pu faire, sans doute pour vous faire oublier qu'ils n'ont jamais rien fait.

Ils passent leur vie à se poser comme les tristes victimes d'un gouvernement inepte et imprévoyant qui n'a pas su les apprécier à leur juste valeur ; et aussi comme les victimes de la légèreté des femmes, qui jugeant tout superficiellement, n'ont pas su deviner leur nature sublime !

L'homme incompris est, croyez-moi, un joli pendant à la femme incomprise : il n'est ni moins ennuyeux, ni moins ridicule.

VII

L'HOMME MOUSTIQUE

M. DE LASTICO

Le moustique est bien l'insecte le plus
irritant, le plus agaçant, le plus fâcheux,
le plus insupportable de la création.

Cette maudite petite bête, que l'on
nomme cousin ou moustique, ferait

perdre patience au plus patient, ferait sortir de son apathie l'homme le plus apathique, et rendrait furieux l'homme le plus débonnaire.

Sans vous laisser ni trêve ni merci, elle vous pique, vous bourdonne à l'oreille : vous la chassez de votre nez, elle se pose sur votre oreille, vous écrivez, elle arrive piquer votre main, vous fait faire une vilaine tache d'encre. Vous en tuez une, dix autres s'acharnent après vous pour venger sa mort...

La nuit arrive, vous espérez être à l'abri de ses atteintes. Couché sous un épais moustiquaire, vous croyez pouvoir la défier : mais à peine avez-vous clos votre paupière, à peine les anges des rêves ont-ils commencé à vous bercer doucement de leurs charmantes chimères, crac, qu'une horrible et agaçante réalité vous réveille, qu'un moustique, que dix moustiques vous sifflent à l'oreille. Il semble qu'ils ont inventé ce bruit rien que pour vous tracasser, comme si ce n'était pas assez de vous sucer le sang !...

Vous vous réveillez furieux, vous allumez votre bougie, et leur faites la chasse pendant un quart d'heure, cherchant et recherchant dans tous les plis de votre moustiquaire... Puis vous étei-

gnez votre lumière, et vous vous dites...
enfin, je vais pouvoir dormir!...

Mais le sommeil ne s'est pas plus tôt
rapproché de vos paupières, que, crac,
voilà les moustiques qui recommencent
leur infernale musique et leurs piqûres...
D'où sortent-ils?... Comment ont-ils pu
pénétrer jusqu'à vous?... Impossible de
s'en rendre compte : c'est à croire qu'un
génie hargneux et taquin les a créés tout
exprès pour vous rendre la vie insupportable!...

Ceux qui ont vécu dans des pays où
les moustiques sont innombrables, con-
viendront avec moi que cet insecte, tout

inoffensif qu'il soit, excite cependant votre colère, bien que sa piqûre soit rarement venimeuse. Par moments, on se sent pris de haine contre lui, on se frappe soi-même pour arriver à le tuer, lui, et lorsqu'on le voit tomber mort, on éprouve une joie semblable à celle que l'on doit éprouver en se voyant débarrassé d'un mortel ennemi!...

Eh bien! M. de Lastico est de la famille des moustiques. Un mauvais génie l'a créé pour vous irriter, vous agacer sans cesse.

Avez-vous besoin de calme, de repos, avez-vous la migraine, il vous assourdit par un flux et reflux de paroles, aussi vides de sens que sa tête est vide de cervelle.

Il devine, il pressent avec un instinct merveilleux, instinct qui tient à sa nature de moustique, tout ce qui peut vous irriter, vous choquer, vous être désagréable. Ses paroles sont autant de piqûres ; vous le chassez par la porte, il revient par la fenêtre ; vous n'allez pas à droite pour l'éviter, au premier pas que vous faites à gauche, vous êtes accosté par lui.

Pourtant, impossible de rompre en visière avec lui, car M. de Lastico est au fond inoffensif ; il ne blesse pas, il pique seulement...Là est sa science...L'homme le plus pointilleux ne peut trouver prétexte à se fâcher, il est obligé d'enrager en silence.

M. de Lastico n'est pas méchant, non, il est moustique, voilà tout.

VIII

L'HOMME CANARI

Le canari est un joli petit oiseau :
même prisonnier dans sa cage, il chante
gaiement, alerte et pimpant, il sautille...
Sa couleur jaune ne le chagrine nullement, et il n'a pas seulement l'air de se

douter que le jaune soit une couleur ridicule.

Il se sent né pour porter ce plumage ! Il en prend bravement son parti.

Eh bien ! il en est de même de certains hommes. On croirait qu'ils se sentent nés pour porter le jaune, tant ils portent cette couleur avec calme, avec aplomb et bonne humeur.

Ils se drapent majestueusement dans leur couleur serin, ils ont l'air de vous dire :

— Voyez comme elle me sied, comme elle me chausse !... J'étais né pour la porter !...

Pas plus que leur Sosie, le canari, ils n'ont l'air de se douter que le jaune est une couleur ridicule.

IX

LES HOMMES QUI SE VENDENT

Triste catégorie, qui est pourtant bien nombreuse aujourd'hui.

Il y a les hommes qui vendent leur plume.

Il y a les hommes qui vendent leur opinion.

Il y a les hommes qui vendent leur conscience.

Il y a les hommes qui vendent leur honneur.

Il y a les hommes qui vendent leur protection.

Il y a les hommes qui vendent leur nom.

Il y a les hommes, enfin, qui vendent leur personne.

Vous le voyez, les hommes qui se vendent ne sont que trop nombreux !...

La seule différence qui existe entre la malheureuse femme qui se vend... et les hommes qui l'imitent... c'est que la première y est généralement poussée par la misère ou la trahison d'un homme, et qu'elle n'appartient le plus souvent qu'au bas-fond de la société, là où l'éducation n'a pu greffer de salutaires racines... Tandis que l'homme qui se vend n'y est poussé que par l'ambition ou l'amour de l'or, et que loin d'appartenir au bas-fond de la société, il appartient le plus souvent aux sphères élevées de la société où il a pu apprendre, par l'éducation, par l'exemple, ce qui est bien et ce qui est mal, et distinguer l'un de l'autre !

Les hommes qui se vendent sont donc

plus impardonnables encore que les femmes qui font ce honteux trafic.

Quand j'ai dit qu'une seule différence existait entre l'homme et la femme de cette même catégorie, je me suis trompée; il y en a une autre encore.

La femme qui se vend est avec raison méprisée, honnie de tous...

L'homme qui se vend ou qui s'est vendu, est salué, chapeau bas, par tout le monde. Le père de famille le reçoit, lui laisse offrir le bras à sa femme, à sa fille. Beaucoup d'entre eux jouissent de la considération générale, de nombreuses plaques ornent leur poitrine...

Vous le voyez, la différence entre lui et elle est immense!

Les hommes qui vendent leur plume, la mettent à la disposition du premier parti qui les paye, changeant de parti alors qu'un autre leur offre davantage. Ils la mettent au service de leur ambition; parvenir est leur but, pour y arriver ils flatteraient le diable, si ce personnage disposait de quelques places, de sinécures et de décorations.

Cette plume leur sert aussi à satisfaire leur esprit de vengeance ou d'envie; et ceux qui appartiennent un peu à la famille des crapauds, la trempent dans

15.

de la boue et éclaboussent à tort et à travers!...

Ils oublient, les malheureux, que Dieu leur a donné le don d'écrire, non pas pour en faire un honteux usage, mais pour développer dans les masses l'amour du bien, l'amour du beau, pour apporter un peu de lumière à ceux qui vivent dans les ténèbres.

Ces hommes-là sont coupables, très-coupables, car ils font beaucoup de mal, et déshonorent la vraie littérature si digne d'estime et d'admiration.

Les hommes qui vendent leur opinion sont nombreux aussi. Ils la vendent pour

un bout de ruban, hochet pourtant bien
futile (et les hommes accusent les femmes d'être futiles!), pour une place,
pour de l'avancement!...

Ces hommes-là ne sont pas dignes
d'estime, car l'opinion doit être une seconde religion au cœur de l'homme!

Les hommes qui vendent leur conscience .. hélas! il y en a beaucoup!

Dévorés par une vaine ambition, ou
par la soif de l'or, ils transigent avec
tout, même avec leur conscience; ils se
font une morale facile, qui excuse tout,
justifie tous les moyens pour arriver au
faite des grandeurs ou de la fortune. Réus-

sir est leur devise : ceux-là méritent le
mépris !... Et pourtant lorsqu'ils sont
parvenus très-haut, on les salue très-bas,
ils ont de nombreux et plats courtisans.

Les hommes qui vendent leur honneur !

Dans les régions politiques on a vu...

Mais que dire de ceux qui pour quelques cent mille francs ou quelques millions épousent des femmes tarées, et as-
sument le déshonneur des ces créatures sur leur tête !...

Il en est aussi qui, pensant au fort
prix qu'on le leur payera, ferment les
yeux, prêtent même la main à la liaison

de leur femme avec de hauts et puissants seigneurs, et qui ne rougissent pas de toucher, en bonne monnaie d'or, le prix de leur lâcheté.

Catégorie d'hommes des plus méprisables, et qui pourtant n'est nullement mise au ban de la société; on se raconte tout bas leur histoire, mais viennent-ils à passer, on les salue, on leur tend même la main.

Les hommes qui vendent leur nom peuvent se diviser en deux catégories.

La première est formée de gens à noms ronflants, ils sont ou ruinés ou désireux d'augmenter leur fortune. Que faire? Le moyen qu'ils ont découvert est commode s'il n'est pas honnête.

Des faiseurs d'affaires veulent lancer une spéculation, une affaire véreuse, bien mauvaise, où, à coup sûr, les actionnaires seront dupés.

Il leur faut un appeau, un nom bien sonore, bien ronflant, pour attirer le public et la race des alouettes.

Ils offrent donc telle part de bénéfice à un de ces hommes qui vendent leur nom et leur titre... Et le mettent en tête de la liste!

A ce brillant miroir (trompeur) les

alouettes arrivent en masse... et se laissent plumer !

La seconde catégorie est formée de ceux qui, ruinés, criblés de dettes, n'ont plus que leur titre et leur nom. Ces nobles-là s'aperçoivent un jour que les quartiers de noblesse sont une très-belle chose, mais qu'ils ne font pas vivre...

Trouvant le travail indigne d'eux et du nom qu'ils portent (tout comme si le travail n'élevait pas l'homme au lieu de l'abaisser!), il ne leur reste plus qu'à faire argent de leur nom, ayant déjà le plus souvent vendu leur honneur et leur dignité.

Ils cherchent donc un de ces hommes alouettes, toujours prêts à se laisser prendre au vain éclat, et lui offrent de faire de sa fille une duchesse, une marquise, ou une comtesse...

« Vous avez, leur disent-ils, la fortune, mais ce n'est pas tout pour être reçu dans certains salons. Une plus grande considération ne s'acquiert qu'avec un titre... Je vous offre le mien, votre fille sera duchesse... L'éclat de son titre rejaillira sur vous, son père ; vos petits-enfants seront ducs, comtes ou marquis... Quelle gloire pour vous !

« En parlant de vous on ne dira plus,

M. Petit ou M. Michel, on dira le beau-père du duc un tel !...

« Nous habiterons ensemble, vous verrez chez moi tout le noble faubourg, je vous y introduirai vous et votre femme... »

L'homme alouette, sot et orgueilleux, est ébloui de cette brillante perspective... Il accepte ce haut personnage pour son gendre.

Alors se débat le marché...

« Il me faut, dit le duc, une dot de tant... Noblesse oblige, il faut que je puisse faire honneur à mon nom, à mon rang !... »

Le père trouve bien que c'est beaucoup... Mais, pense-t-il, on ne saurait payer trop cher l'honneur d'avoir un duc pour gendre ; cela va me poser si bien à Paris !

La dot est accordée... Alors le futur gendre insinue qu'il a aussi quelques petites dettes à payer, qu'il ne peut se marier sans les liquider. Impossible de refuser...

L'homme qui fait ce marché honteux est le plus souvent un parvenu ; pourquoi éprouve-t-il le besoin d'avoir un comte, un marquis, un duc ou un prince pour gendre ? C'est que ce parvenu a gagné sa fortune si vite, si facilement, qu'il n'y met pas un grand prix.

Il se décide donc à payer les dettes de son futur gendre, lui-même fait la corbeille, meuble l'hôtel des nouveaux mariés.

Parfois, lorsqu'il additionne ces dépenses, la somme qu'il va donner pour la dot, celle qu'il a sacrifiée à payer les folies passées du jeune homme... la pensée lui vient à l'esprit que c'est cher, bien cher, de se donner le luxe d'un gendre titré... Mais l'amour-propre reprend le dessus, et il se console par l'idée que sa fille sera duchesse, lui beau-père d'un duc, que tous les salons lui seront ouverts...

Le mariage se conclut !

Après?...

Vous savez tous, aussi bien que moi, ce qu'il arrive !

M. le duc ne tarde pas à mettre à la porte de chez lui son beau-père, sa belle-mère, parce qu'ils sont trop communs, trop roture... Parce que leur nom sent la plèbe...

La pauvre femme ne tarde pas à être délaissée par son mari; souvent même il lui reproche ses goûts, sa tournure roturière... Elle est malheureuse, triste, elle ne peut même pas se plaindre, car ses amies lui diraient d'un air moqueur, « Voilà ce que c'est, ma chère, que de vouloir devenir duchesse!... »

Et le duc, avec les rentes de sa femme, entretient richement une cocodette quelconque.

Si le beau-père veut lui faire des observations, le gendre lui répond avec hauteur : « Vous devriez être trop heureux que j'aie bien voulu vous faire l'honneur d'épouser votre fille!... »

Les hommes qui cherchent à vendre

leur nom, sont les clients de ces maisons de mariages dont j'ai parlé plus
haut. C'est là, paraît-il, d'après ce que
nous apprennent les journaux, qu'ils vont
chercher des femmes qui leur apportent
de quoi redorer leur blason, et mener
joyeuse vie, sans demander au travail
l'argent nécessaire à leur entretien !
Voilà, convenez-en, une bien vilaine catégorie d'hommes !... Pourtant vous en
connaissez tous, et tous vous les saluez,
vous les recevez chez vous !...

Les hommes qui vendent leur personne, qui sont (disons le mot, puisqu'on l'a inventé pour les femmes), qui

sont entretenus, sont moins rares qu'on aimerait à le croire.

Beaux garçons, bien faits de leur personne, séduisants par leur esprit, ils exploitent les femmes qui ont la faiblesse de les aimer.

La femme qui se laisse entretenir par un homme au lieu de gagner courageusement sa vie, est avec raison méprisée; on dit d'elle : « C'est une femme entretenue! »

Pourtant combien y a-t-il de circonstances atténuantes!

La femme est plus faiblé que l'homme, elle a moins de moyens pour parvenir à gagner sa vie. Il est donc naturel que dans le mariage réel, aussi bien que dans le mariage illégal, né d'un caprice ou de l'amour, ce soit l'homme qui travaille pour tous les deux.

Mais l'homme, que peut-il dire pour s'excuser?

Il appartient au sexe fort et intelligent... et ne peut vivre aux dépens du sexe faible!

L'homme qui se fait entretenir par une femme, est cent fois plus coupable que la femme qui puise dans la bourse de son amant, et mérite encore plus le mépris.

Ma *Guerre aux hommes* ne va pas jusqu'à l'injustice, et je suis sûre que mes contradicteurs ne seront pas nombreux.

X

LE DON JUAN DOUBLÉ DE TARTUFE

Le don Juan que nous connaissons, celui dont on nous a donné un portrait qui est un vrai chef-d'œuvre, ce don Juan-là, en apparaissant, semble vous dire : « Tenez-vous bien sur vos gardes, ô vous, parents, gardiens d'un jeune trésor, ô vous, maris, possesseurs d'une jeune femme! Et vous, mesdames, cuirassez bien vite votre cœur, ne m'écoutez pas, car mes paroles contiennent un poison subtil qui peut vous atteindre. Ne me regardez pas, car mes yeux, comme les yeux du serpent, ont le pouvoir d'attirer, de fasciner. »

Oui, ce don Juan-là ne vous prend point en traître, tout en lui dans sa personne, dans ses allures, vous prévient du danger...

Beau et bien fait, le regard tendrement provocateur, la moustache fière-

ment retroussée, la tournure cavalière…
en le voyant vous pouvez vous dire. Il se
fait un jeu de séduire les jeunes filles et
les jeunes femmes, de tromper les maris,
les pères et les tuteurs, c'est un don
Juan…

Tant pis pour les imprudentes qui
comptent trop sur leur bravoure, tant
pis pour les pères et les maris impré-
voyants… Don Juan n'est pas coupable,
il vous a prévenus, il ne fait que son métier.

Mais le don Juan doublé de Tartufe
ne vous prévient pas, lui ! non, il vous
prend en traître.

L'un est le voleur de grand chemin, se précipitant sur vous armé jusqu'aux dents, vous dévalisant au péril de sa vie; l'autre, est le voleur sournois, qui s'introduit chez vous à petit bruit, qui capte votre confiance par un air honnête et candide et qui s'en sert pour en abuser.

Le don Juan doublé de Tartufe est tout l'opposé du premier; sa tournure est gauche, embarrassée, son regard... il est difficile de dire ce qu'il est, car ou il recouvre ses yeux d'un verre, ou il les tient systématiquement baissés... Enfin, si dans l'autre tout vous dit : Méfiez-vous,

dans celui-ci, tout dit, au contraire :
Ayez confiance.

On lui accorde une confiance illimitée, hélas !... comment se défier d'un
être tellement sans conséquence !...
Le père le donne pour professeur à ses
filles, le mari à sa femme pour faire ses
commissions, pour la conduire au spectacle, il leur devient indispensable...
et eux dorment sur leurs deux oreilles
dans le calme le plus profond.

Les jeunes filles, les femmes, elles
aussi ne se méfient pas des don Juan
Tartufes : elles causent, elles pensent
devant eux, elles ne s'aperçoivent pas

même de leur présence... Eux écoutent et font leur plan...

On n'a pas de secrets pour eux, ils ont l'air si honnête, comment se méfier d'eux...

Eh bien, un jour, ces secrets surpris, les paroles imprudentes dites devant eux, deviennent entre leurs mains des armes terribles ; tout comme les don Juan séduisants ceux-là jettent partout où ils passent le désespoir et le déshonneur.

Les premiers, pour réussir, se servent de leur esprit, des dons que la nature leur a accordés ; les seconds arrivent par la ruse, par la surprise, par l'hypocrisie !

Tout comme les premiers, le but de leur vie est de séduire les femmes, de faire de nombreuses victimes, ils se servent seulement de moyens différents, voilà tout : mais ils sont cent fois plus coupables, et plus redoutables aussi !...

XI

LE BON ET LE MAUVAIS ÉGOÏSTE

Dans la catégorie des hommes égoïstes, il y a deux genres bien distincts, le bon égoïste et le mauvais.

Le bon égoïste a le cœur bon et sensible, il aime certainement son prochain, par la raison surtout qu'il sait que la

17.

haine est un sentiment malsain, qui trouble le sommeil et le repos. Or, comme il a un culte profond pour sa personne, qui est son vrai, son seul fétiche, sa tactique, le but constant de sa vie est d'éviter tout sentiment violent, toute émotion pénible. Je le répète, sa nature est bonne, mais il est profondément et savamment égoïste... n'allez pas au moins lui conter vos chagrins, non, vous lui donneriez une émotion désagréable, vous le troubleriez dans la digestion béate de son bonheur !...

Il aurait contre vous un sentiment de colère, il se dirait que vous commettez

une mauvaise action en venant lui assom-
brir ses idées couleurs de rose.

Si vous êtes malade, ne comptez pas
sur sa visite, la vue de gens souffrants
l'affecte trop.

Si vous êtes malheureux il vous fuira
comme la peste, car la vue de votre
malheur pourrait lui être pénible !...

Il est trop bon, dit-il hautement, pour
pouvoir supporter la vue de la souffrance
et du malheur !... Il recherche les gens
gais, heureux; il aime à se persuader
qu'il n'y a de par le monde que des gens
ayant, comme lui, cent mille francs de
rentes, et jouissant du bonheur le plus

parfait. Cette idée sourit à son égoïsme !

N'allez pas lui dire : Un tel meurt de faim ! Il vous répondrait d'un air de mauvaise humeur et d'incrédulité : « Allons donc, est-ce qu'on meurt de faim autre part que dans les romans ? »

Si de sa fenêtre il aperçoit un pauvre galetas où règne la misère, il fait murer cette fenêtre pour ne point être attristé par cette vue... Si dans la rue il aperçoit un pauvre mendiant les traits bleuis par le froid et tiraillés par la faim, bien vite il détourne la tête de peur que ce triste spectacle ne l'impressionne désagréablement.

Volontiers il dirait qu'un gouvernement sage devrait supprimer les pauvres, les estropiés, les malheureux qui ne sont bons qu'à troubler le bonheur des gens heureux, riches et bien portants.

De lui on dit : « C'est un bon garçon ; » en effet, il a le cœur bon! aucun mauvais instinct, aucun mauvais sentiment n'y germent, mais aucun bon non plus : la charité, l'abnégation, le sublime dévouement lui sont inconnus, vous ne le verrez jamais au lit d'un malade, le soigner et lui faire prendre son mal en patience, vous ne le verrez jamais écouter le récit des infortunes d'un pauvre diable, le consoler par quelques bonnes paroles, par un peu de sympathie, vous ne le verrez pas non plus chercher à secourir la misère ; et tout cela par la simple raison qu'il craint de troubler la digestion de son bon dîner, ou d'attrister ses pensées riantes par la vue ou par l'audition de ces malheurs, de cette misère, ou de cette souffrance.

Le mauvais égoïste diffère en cela du bon, que le malheur des autres au lieu de l'attrister sert de complément à son bonheur. La vue de la misère lui fait apprécier sa fortune, la vue d'un malade lui plaît, car alors il comprend mieux combien il est privilégié de la nature qui l'a doté d'une robuste santé.

Aussi, tout au contraire de l'autre, il recherche les gens malheureux. À lui vous pouvez raconter longuement et en détail, vos chagrins, vos douleurs, vous pouvez lui parler de vos maux, il vous écoute attentivement, ses yeux brillent de joie, un sourire de satisfaction se joue sur ses lèvres.

En vous écoutant, il se dit en lui-même : Combien je suis heureux!... et il savoure son bonheur avec une âpre volupté!... alors qu'il est bien chaude-ment vêtu dans une bonne voiture, la vue d'un mendiant engourdi par le froid ne lui est point désagréable. Non, il n'en trouve sa voiture que meilleure, sa fourrure que plus chaude.

Cet égoïste-là demande le complément de son bonheur à la misère, aux infortunes des autres.

Du reste pas plus que le premier, il n'a songé jamais à secourir un malheureux, à soulager la misère de personne ; volontiers il croirait que Dieu a fait des malheureux ici-bas, rien que pour ajouter à son bonheur.

Cet égoïste-là est foncièrement mauvais.

XII

L'ESCOMPTEUR

L'escompteur est un homme d'un esprit positif, pratique, comme disent les Anglais, il est intelligent et très-ambitieux.

Rarement, jamais même, il n'a une

opinion à lui : il prend celle qui, selon les circonstances et les temps, peut lui rapporter le plus, et le mieux servir son ambition, sa fortune, ou encore sa vanité.

Il est généralement très-souple de caractère, d'un épiderme peu sensible...

L'escompteur se dit ceci :

« L'amitié, l'amour, les relations du monde, tout cela est bel et bon, mais à condition que les uns et les autres vous rapportent quelque chose. »

Alors, son esprit positif prenant le dessus, il se met à escompter tout avec un coup d'œil sûr et sagace, en calculant ce

qu'il pourra tirer de l'amitié d'un tel,
ce que lui vaudront ses relations dans
tel ou tel monde...

Son petit commerce est très-étendu :
il escompte sa position, ou celle qu'il
n'a pas, son crédit, ou celui des autres,
les services qu'il a rendus ou qu'il pourra
rendre...

Il n'est pas un ami, une simple con-
naissance, à qui il n'ait demandé quelque chose, une place, une décoration,
une petite sinécure.

Il glane un peu partout, il passe sa vie
à glaner, aussi sa récolte est-elle généralement très-abondante.

Si je n'étais la première à blâmer la manière de certains écrivains, qui, pour se donner plus de lecteurs, font des personnalités, sachant que le scandale affriande les masses, je vous raconterais la vie d'un certain monsieur qui est à présent... je ne sais plus quoi... une bonne petite place qui le pose bien, et avec cela des sinécures qui lui rendent beaucoup d'argent et des décorations innombrables.

Il est arrivé à tout cela, on ne sait trop comment. Après avoir escompté la position qu'il n'avait pas, l'influence de ses amis et des amis de ses amis, à présent il escompte la petite influence qu'il a, et celle surtout qu'il prétend avoir... Il a passé sa vie à demander quelque chose, mais comme il est amusant, spirituel, que l'on dit de lui *c'est un bon garçon*, il n'a pas lassé la patience de ses protecteurs, puis il connaît tant de monde!... Il escompte avec tant de bonne grâce!...

Lorsqu'il vous rend un petit service, il est aimable, obligeant avec vous... Un jour il vous dit tout naturellement : « Mon cher, vous connaissez un tel... faites-moi donc le plaisir de lui demander cela pour moi?... »

18.

Un autre jour, comme il est votre ami, il se prévaut de cette amitié pour aller solliciter auprès d'une de vos connaissances, quelque chose que vous n'eussiez jamais osé lui demander pour vous-même, craignant d'être importun ou indiscret... Mais on le lui accorde, à lui, pour vous faire plaisir.

Ce roi des escompteurs, que nous appellerons Palervent, escompte aussi les connaissances qu'il pourrait avoir, trouvant que ce n'est pas assez d'escompter celles qu'il a. A l'entendre, il connaît tous les puissants de la terre. Je regrette de ne pouvoir vous raconter son histoire, vous verriez à quoi l'a fait arriver son esprit d'intrigue.

Après ce type de l'escompteur en grand, il y a l'escompteur en petit. Celui-ci est fermement convaincu que ses amis, ses connaissances, et les connaissances de ses connaissances, ne sont créés et mis au monde que pour apporter un complément à son bien-être et à ses plaisirs... Lui aussi jette un coup d'œil sagace et profond sur tous ceux qu'il fréquente et il se dit : « Un tel doit me fournir des billets de théâtre, celui-ci doit me donner une place dans sa loge aux Italiens, cet autre une place

dans sa calèche. Ce dernier doit me pro-
curer de l'avancement; monsieur X...
doit louer une chasse pour que je puisse
me payer ce plaisir gratis. » .

Son petit plan ainsi fait, gardez-vous
de lui refuser votre contingent; il se
croirait volé !...

De ceux dont il voit qu'il n'y a rien à
tirer, il dit d'un petit air dédaigneux :
« Ce sont des gens inutiles, » et il s'é-
loigne d'eux !...

Il y a des hommes qui escomptent la
reconnaissance !...

Il y a des hommes qui escomptent la
haine !...

Il y a des hommes qui escomptent leur lâcheté!...

Il y a des hommes qui escomptent leur courage et leur adresse!...

Il y a enfin des hommes qui escomptent leur déshonneur!...

Hélas! le nombre des escompteurs est bien grand, et nous n'en épuiserions pas la liste!...

XIII

LES CÉLIBATAIRES

Les célibataires sont des voleurs de
profession, mais des voleurs en dehors
du Code !

C'est triste à constater, mais le Code a
remplacé, pour beaucoup de gens, la
conscience...

Jadis, avant de commettre une action, avant de lancer une affaire, on consultait sa conscience.

Aujourd'hui on consulte le Code ; s'il dit, cet intéressant livre de la morale officielle, que l'on n'a rien à craindre, que moyennant tel ou tel biais on ne sera pas condamné par tel ou tel article, cela suffit, on marche hardiment et sans remords aucuns.

Jadis on disait : Il faut vivre en paix avec sa conscience ; maintenant, grâce au progrès et à la civilisation, on dit : Il faut vivre en paix avec le Code.

Les célibataires sont donc, je le répète,

des voleurs de profession ; mais au genre
de vol qu'ils commettent, le Code n'a
rien à voir. Ne se contentent-ils pas de
voler l'honneur d'une pauvre femme,
son bonheur, sa vie, quelquefois !...
Au tranquille et confiant ami qui, sans
méfiance, leur ouvre l'accès de son foyer
ils ne volent ni sa bourse, ni sa montre,
mon Dieu ! non : ils préfèrent lui ravir
ce qu'il a de plus cher au monde, sa
femme ou sa fille, honneur et bonheur à
la fois...

Pour si peu le Code vraiment ne saurait s'émouvoir ! Ah ! si l'un de ces messieurs s'avisait de voler à un ami intime

qui l'a toujours traité comme un frère,
une pièce de cent sous pour s'acheter du
pain, ce serait grave!... Le Code alors
punirait.

Nous allons personnifier deux types du
célibataire dans M. de Vallonsac et
M. Dupondier.

M. de Vallonsac s'est trouvé à vingt-
sept ans possesseur de cinquante mille
livres de rentes. Il s'est dit : « Je pourrais me marier avec cinquante mille
autres livres de rentes, mais serai-je plus
avancé d'en avoir cent? Une femme qui
veut aller dans le monde, aux eaux!
des enfants qui un jour dépensent à leur

tour, bah! mieux vaut rester garçon. De
cette façon je n'aurai pas l'ennui d'un
ménage, j'en trouverai dix dont je pour-
rai bénéficier : et sans avoir les inconvénients d'une femme à moi, j'aurai
celles de tous mes bons amis : vrai, c'est
plus commode! »

Il s'est donc voué au célibat, mais ce
serment il l'a tenu secret, car il a compris les avantages qu'il pourrait retirer
de sa position de jeune homme riche à
marier. En effet, bien des familles lui
ont fait des avances, l'ont choyé, dor-
loté, le traitant déjà de futur gendre.
Il s'est laissé faire, et pour témoigner

sa reconnaissance il a séduit la fille ou la maîtresse de la maison.

Pendant dix ans il a joué le rôle d'un jeune homme en quête d'un cœur, d'une compagne, cela lui a ouvert tous les salons, et lui a valu libre accès auprès des jeunes filles. — Il en a séduit deux qui, se voyant un beau jour abandonnées, se sont tuées pour échapper au déshonneur; —trois autres trompées par une promesse de mariage, se sont laissé glisser sur la pente fatale du vice...

Une fois, il s'est posé en soupirant, en futur d'une belle et candide jeune fille, qui s'est mise à l'adorer de bonne foi, sans comprendre qu'elle était le prétexte et sa mère le but... et lorsqu'un jour la pauvre enfant a pu se convaincre qu'entre lui et sa mère existait une liaison coupable... elle a souffert, oh! bien souffert!... Mais, sublime de dévouement, elle a continué son rôle pour sauver sa mère, seulement elle en est morte, elle aussi!...

Plus tard, arrivé à trente-cinq ans, il a avoué franchement qu'il renonçait au mariage... Abandonnant les jeunes filles, il a passé aux jeunes femmes.

Là, il a pris un rôle d'utilité, et s'est rendu indispensable dans un salon. Toujours prêt à aller chercher une loge, un bouquet, il s'est fait le complaisant du mari, le complice de ses fautes... se réservant de consoler sa femme.

Ses liaisons furent nombreuses avec des femmes du monde, et il peut se vanter d'avoir apporté le trouble et la désunion dans bien des ménages... Mais peu lui importe, les conséquences sont à la charge du mari, et il trouve tout naturel que ses amis endossent ses créances!

Et vous me direz que cet homme-là n'est pas un voleur!...

Il l'est, et même de la pire espèce!...

Si sa liaison avec la dame du monde amène entre elle et son mari une rupture... il lui dira avec un cynisme effronté : « Il fallait être plus adroite, ma chère, et ne pas vous laisser surprendre. Du reste, en devenant ma maîtresse, vous saviez à quoi vous vous exposiez ; vous comprenez bien que n'ayant pas voulu me marier pour n'avoir pas la charge d'une femme, je ne veux pas me donner celle d'une maîtresse ! »

Et il l'abandonnera lâchement, cette femme qu'il a perdue, pour aller recommencer son métier de voleur dans un autre ménage.

Voici quelle sera probablement la fin de ce célibataire. Vers l'âge de cinquante-cinq à soixante ans une adroite cocotte s'emparera de M. de Vallonsac, qui se laissera plumer par elle, si elle ne le force pas à l'épouser. Peut-être bien aussi un cordon-bleu émérite deviendra sa compagne, pour lui rendre la vie dure.

En tout cas, sa vieillesse sera peu heureuse... Il n'aura pour l'embellir et la charmer que de certaines mèches de cheveux blonds, bruns, rouges ou châtains, comme souvenirs de ses victimes, quelques portraits, et des liasses de billets doux... Tout cela peut distraire un

instant, mais ne donne pas à coup sûr
le bonheur qu'on trouve dans une conscience calme, et dans la bonne affection
d'une femme avec qui on a vécu et
vieilli et vis-à-vis de laquelle on n'a rien
a se reprocher; je ne parle même pas
de ces joies intimes qu'éprouve la vieillesse entourée d'une nombreuse famille :
l'amour que vous portent vos enfants,
celui que l'on sent dans son cœur pour
eux, sont des sentiments inconnus au
célibataire!

M. Dupondier appartient à une autre
catégorie...

Peu riche, six ou sept mille livres de

rentes, beau garçon, d'un esprit agréable, il s'est fait dès vingt-cinq ans le raisonnement suivant :

« Travailler, c'est ennuyeux, je ne me sens pas né pour le travail; le *dolce farniente* me paraît la chose la plus désirable... Mais, avec sept mille livres de rentes, j'ai juste de quoi vivre, et je ne pourrais pas me payer certain luxe. — Le luxe est pourtant une belle chose : comment vivre sans une loge à l'Opéra ou aux Italiens, sans un bon dîner, bien fin, un dîner à la Brillat-Savarin... » Il s'est dit tout cela, et après avoir longuement médité sur sa position, il a fini par trouver le moyen de s'entourer d'un certain luxe, sans en grever son petit budget.

Il devient l'amant d'une femme du monde, sur le retour, — cela peut avoir son bon côté, — il la choisit riche, possédant une bonne table, un intérieur confortable, une loge dans le théâtre qu'il préfère, un château où l'on puisse chasser, si par hasard il a ce goût-là, et ce choix étant fait, il devient le *cavaliere servente* de cette femme, il s'établit chez elle comme chez lui, y dîne et y passe ses soirées, accompagne madame au bois, au spectacle, va passer les six mois de l'été dans son château, chasse avec sa meute, monte ses chevaux, et se promène dans sa voiture...

M. Dupondier a vécu ainsi avec une vieille marquise pendant dix ans... A sa mort, il s'est mis en quête d'une autre maison. Un sien ami riche l'a invité chez lui; il a trouvé sa cave bonne, son cordon-bleu parfait, sa maison de campagne agréable... Il est devenu le parasite de la maison, en mettant tout en œuvre pour séduire la femme de son ami, et il y est parvenu... Pendant six ans il a mangé les dîners de ce bon Dandin, qui l'invitait toujours chez lui en ville et à la

campagne, en répétant sans cesse :
« Ce pauvre Dupondier n'a pas d'intérieur, peu de fortune, que voulez-vous
qu'il fasse... » Enfin un beau jour le
mari confiant apprit le secret de la liaison de Dupondier et de sa femme...
Son cœur en saigna douloureusement...
« Lui... lui... mon meilleur ami !... lui,
en qui j'avais une confiance illimitée,
qui était l'hôte bien aimé de mon
foyer !... »

Le pauvre mari s'est battu, les lois de
l'honneur l'exigeaient, il a reçu un bon
coup d'épée qui l'a mis au lit pour deux
mois; sa femme chassée de chez elle,

folle de honte et de désespoir, crut pouvoir se réfugier chez son complice. Où pouvait-elle aller? mais le complice lui dit gentiment qu'il n'avait pas les moyens de la garder.

A l'heure qu'il est elle brode dans une mansarde, et lui s'est fait un nid bien chaud dans un autre ménage!

Il est devenu l'ami d'une grande lorette, richement entretenue; il lui offre son bras, l'accompagne au bois, au théâtre, lui porte son toutou, son manchon, son ombrelle et se dit son humble esclave. La dame est enchantée, dit-on, et a mille bontés pour lui... car les hommes qui lui prodiguent leur or lui refusent le plus souvent un salut en public.

Les célibataires qui liront ces lignes vont, je gage, jurer que je suis une vieille fille, furieuse de porter la cornette de sainte Catherine... et que c'est à cause de cela que je leur dis des choses désagréables... Eh bien! non, messieurs, je ne suis point une vieille fille... et croyez-moi, pour mon compte personnel, je n'aurais pas été fâchée qu'il n'y eût en France que des célibataires.

Du reste, je ne médis pas de tous les célibataires sans exception : ceux, par exemple, qui se sont voués au célibat par un désespoir d'amour ont toutes mes sympathies; ceux qui ne se marient pas parce qu'ils se reconnaissent trop de défauts pour ne pas rendre une femme malheureuse, méritent mon admiration. Les plus sages et les plus prudents sont ceux qui attendent pour trouver une femme selon leur cœur, et ceux-là je les applaudis des deux mains.

XIV

LE SPHINX

L'HOMME SPHINX, MONSIEUR DE LANTERIER

Assis aux pieds des Pyramides, le Sphinx a l'air d'être leur gardien. A cette œuvre gigantesque, il fallait un colosse taillé dans les mêmes proportions.

Le Sphinx ressemble à un fantôme des temps passés, des temps de gloire et de splendeur de sa patrie.

Sa figure impressionne profondément, son air est invariablement calme et placide, son grand œil sans vie paraît méditer profondément.... peut-être sur l'avenir ! peut-être sur la décadence de son pays... Son regard est fixé vers l'orient... Mais ses yeux impénétrables, comme l'avenir, ne reflètent rien de ses pensées... Il pense, on le voit, on le sent, mais il pense en dedans... On dit : « Les yeux sont le miroir de l'âme ; » ce miroir, chez le Sphinx, est placé à l'envers : le poli est en dedans, le terne en dehors.

Aussi en vain étudiez-vous cette grande figure, en vain lui adressez-vous ces questions :

« Es-tu un bon génie, placé là par Dieu pour écarter l'ange du mal ?

« Es-tu un des mauvais génies, envoyé par Satan sur la terre pour y enfanter le mal et la destruction ?...

« De nobles et grandes pensées germent-elles en toi ?

« Désires-tu bien et bonheur aux hommes que tu contemples du haut du piédestal où on t'a posé ; ou bien, cœur endurci et mauvais, appelles-tu sur eux les calamités et les maux?...

«Dis, réponds, es-tu le bien ou le mal? Ton vaste front contient une vaste intelligence, est-ce l'intelligence du bien ou celle du mal? Ton œil lit dans l'avenir, qu'y vois-tu pour nous?... »

A toutes ces questions le Sphinx reste impénétrable : pas un éclair n'illumine son visage qui reste placide et immuable. — Alors on se sent pris d'une rage impuissante; on l'injurie, mille sottes et folles accusations lui sont lancées...

Il reste calme!

On se demande : la haine fait-elle
bouillonner son sang et dépose-t-elle son
levain dans son cœur? ou bien ce sentiment n'a-t-il aucune prise sur lui?

Est-il trop grand pour connaître la
haine?

Est-il trop petit pour la ressentir?

On se demande tout cela... et nul in-
dice, rien ne vient vous répondre.

On reste dans le doute.

Les habiles et savants physionomistes
viennent en foule contempler et interro-
ger le Sphinx. « Oh! disent-ils, pour
nous, il n'aura pas de secrets, car nos
yeux sont habitués à lire comme à livre

ouvert, dans le cœur, dans l'âme, dans les yeux de tous... »

Ils viennent, ils interrogent, ils sondent, ils déploient tout leur savoir, toute leur diplomatie : bien en vain... le Sphinx, pour eux aussi, reste Sphinx !...

Ils s'éloignent confus et dépités...

Oh Sphinx ! que tu sois un bon ou un mauvais génie... que tu sois le bien ou le mal, tu es grand, tu es un géant !...

Saurons-nous, un jour, ce qui se passe dans ton âme, pourrons-nous jamais savoir ce que cache ce voile impénétrable jeté sur tes yeux ?

J'en doute...

Tu es né Sphinx, tu vis Sphinx ; je crains bien que tu ne meures Sphinx aussi...

Des jaloux, des mécontents, des médisants, gens qui s'attaquent à tout, même au Sphinx, m'ont assuré, qu'alors qu'une svelte et belle Bédouine, au regard ardent comme le soleil du désert, venait à passer près du colosse des Pyramides, en relevant sa tunique bleue et montrant sa jambe fière et nerveuse, — qu'alors qu'une houri de l'Orient, au teint blanc comme la neige, aux yeux alanguis par la passion, le voile rejeté en arrière, passait, elle aussi, près du colosse, — les yeux ternes du Sphinx lançaient des éclairs de feu et se fixaient sur ces filles de l'Orient avec un regard brillant et expressif...

Mais ce sont des on dit!... on dit tant de choses!...

Vous faire le portrait de **M.** de Lanterier serait superflu, sa ressemblance avec le colosse des Pyramides est frappante, c'est son vrai sosie.

XV

LES HOMMES QUI FONT MÉTIER DE COMPROMETTRE LES FEMMES

Nous personnifierons, si vous le voulez bien, toute cette mauvaise et dangereuse catégorie d'hommes, dans la personne de M. de Nauville, qui est bien l'être le plus insupportable, le petit monsieur le plus agaçant qui soit au monde.

M. de Nauville est petit, les épaules fortes; avec moins de politesse, on pourrait dire qu'il est légèrement bossu. Il porte fièrement une longue crinière blonde, rejetée en arrière; ses yeux d'un bleu de potiche sont toujours fixés au plafond : il pense que cela lui donne l'air rêveur...

Il est un agréable phraseur, surtout un grand et riche collectionneur de phrases sonores et à effets; il débite tout cela avec force minauderies et grimaces, et un petit air enchanté de lui-même.

M. de Nauville est donc un phraseur
agréable, mais il a peu, bien peu d'esprit, et le peu qu'il en a est parfaitement
antipathique. Ce qui l'est bien plus encore, c'est la somme énorme de suffi-
sance qu'il possède, sans compter ses
nombreuses manies dont la principale
est de compromettre les femmes!...

Comment s'y prend-il, me direz-vous ?
Il n'y a que les femmes qui le veulent
bien qui sont compromises.

Eh bien! notre petit monsieur a le talent de compromettre des femmes qu'il
ne connaît même pas, des femmes qui ne
savent même pas qu'il y a au monde un

petit monsieur de Nauville... Comment il s'y prend?... C'est bien simple, un certain petit sourire lui suffit.

« Madame une telle est très-jolie, dit-on devant lui, » il sourit à sa façon.

On le regarde, et on lui dit naturellement : « Comment, vous la connaissez tant que ça? »

Il sourit encore.

« Tiens, je n'aurais pas cru, lui dit un autre, j'aurais même juré que c'était une femme incapable de.. de... »

Il répond par un troisième sourire...

On le quitte convaincu, à en mettre la

main au feu, qu'il a été au dernier mieux avec la dame en question.

Quelle que soit la femme dont on parle, pourvu qu'elle soit à la mode par son nom, sa position dans le monde, sa beauté ou son esprit, M. de Nauville sourit ainsi; seulement, comme il connaît tout Paris et va dans tous les mondes, il ne prodigue jamais ses sourires avec les mêmes personnes, car on finirait bien par lui dire : Ah mais, halte-là, ce n'est pas possible !... »

Que de femmes, bien innocentes, ont été compromises ainsi !...

M. de Nauville s'approche-t-il dans un

bal d'une jeune femme pour lui dire :
« Voulez-vous me faire l'honneur, madame, de m'accorder une valse, » il se penche vers elle de telle façon, il roule ses yeux d'une si drôle de manière, que tout le monde croit qu'il lui débite une phrase du dernier tendre, et ce qui est pis, qu'il en a le droit...

Va-t-il chez une dame, le jour où elle reçoit, lui faire une visite d'un quart d'heure, il y a dans la manière dont il la salue, dont il lui baise la main, dans les phrases d'une politesse exquise et cérémonieuse qu'il lui débite... un je ne sais quoi de très-compromettant pour cette pauvre dame, quelque chose qui tend à dire aux gens qui sont là présents :

« Voyez comme je suis cérémonieux avec elle, comme je joue bien la comédie devant vous !... »

Les femmes intelligentes qui voient ce petit monsieur, sentent cela d'instinct : elles en sont mal à l'aise, furieuses, exaspérées... mais que lui dire ?

Il est si poli et si cérémonieux !...

S'il y avait un fait à lui reprocher, passe encore... mais les nuances... rien d'insaisissable comme cela !...

Oh ! c'est qu'il n'est pas brave, M. de Nauville : il sait que pour un fait, on pourrait lui demander raison, tandis que pour une nuance, pour un sourire, allons donc... ce sont choses trop futiles, dit-on... et pourtant cet infernal sourire a terni plus de réputations de femmes, que les médisances et les calomnies de M. de ***! Un homme ne peut aller le trouver et lui dire : « Monsieur, je veux me battre avec vous et tâcher de vous tuer, parce que vous avez souri en entendant prononcer le nom de ma femme! » Ce serait absurde...

Il le sait... et c'est pourquoi il sourit.

L'homme remplissant de hautes fonctions est pour lui comme une jolie femme. S'il le connaît assez pour se per-mettre de lui dire dans un salon : « Votre santé est-elle meilleure que l'an passé ? » Ou bien : « La saison s'annonce brillam-ment aux Italiens, » il le lui dit avec un petit air mystérieux, avec des mines discrètes..... qui font croire à tout le monde qu'il est au mieux avec ce mon-sieur.

Balzac est son auteur favori dont il admire les préceptes; il tâche de suivre de son mieux les conseils sages et déli-cats donnés aux jeunes gens qui veulent parvenir à tout prix. Bref, M. de Nauville

est un sot petit monsieur, dont je prie
Dieu de garder mes lectrices.

———

J'aurais encore bien des types à vous
esquisser, les maris ! mari garçon, mari
complaisant, mari jaloux, mari ambi-
tieux, mari grincheux, vieux mari ; les
mécontents, l'homme vautour, l'homme
corbeau, l'homme renard, l'homme
lion, l'homme paon, l'homme canard,
le sot, le fat, le poseur, etc.., etc.

Mais mon imprimeur m'annonce qu'il ne faut plus de copie, si le public indulgent fait bon accueil à ce petit volume, je ferai de ces types-là un second ouvrage, sinon je me dirai que les hommes n'aiment pas qu'on leur dise leur vérité et je brûlerai les portraits qui me restent.

A MES LECTEURS.

N'allez pas croire que je veuille prouver que les hommes sont plus mauvais que les femmes.

Non, je suis convaincue qu'il est des hommes bons, excellents, remplis de charmantes qualités.

Tout comme je suis forcée, hélas ! de

convenir qu'il est des femmes sans cœur, à l'âme noire et perverse, riches en défauts et en ridicules !

Si dans ce volume, je ne dis que du mal des hommes, si je ne dessine que des types ridicules ou mauvais, c'est uniquement pour ceci :

Mon but en faisant ce livre, comme je le dis au commencement de ce volume, est de rendre un peu aux hommes la monnaie de leur pièce, de répondre au mal qu'ils ont dit de nous, par celui qu'on peut dire d'eux, aux vilains types de femmes qu'ils ont esquissés par des types qui soient aussi peu flatteurs.

J'ai donc cherché les vices et les défauts des hommes pour les signaler, mais je n'ai pas eu, je le répète, l'intention d'insinuer qu'ils valaient moins que les femmes.

A mon avis les uns et les autres ont du bon et du mauvais, les uns plus de mauvais que de bon, les autres au contraire plus de bon que de mauvais.

OLYMPE AUDOUARD.

TABLE

QUELQUES VILAINS TYPES D'HOMMES

La Baronne trépassée, par PONSON DU TERRAIL. 1 vol. gr. in-18 jésus. . . . . 2 fr

Les belles Pécheresses, par AMÉDÉE DE CESENA. 2e édit. 1 joli vol. gr. in-18 jésus orné d'un beau portrait gravé par FLAMENG. . . . 5 fr.

Bouche de fer, par PAUL FÉVAL, 1 vol. gr. in-18 jésus. . . . . 3 fr.

Bourres de fusil, souvenirs de chasse, par BÉNÉDICT-HENRY REVOIL. 1 vol. g. in-18 jésus. 5 fr.

Bibliothèque héraldique de la France, par M. JOANNIS GUIGARD, de la Bibliothèque impériale, comprenant la bibliographie systématique et raisonnée de tous les ouvrages qui ont paru sur le *Blason*, les *Ordres de chevalerie*, la *Noblesse*, la *Féodalité*, les *Fiefs* et les *Généalogies* concernant la France, avec notes critiques et bibliographiques. 1 beau volume in-8 à 2 colonnes. . . . . 10 fr.

De la Capacité politique des classes ouvrières, par P. J. PROUDHON. 1 vol. grand in-18 jésus. . . . . 3 fr. 50

Le Capitaine fantôme, par PAUL FÉVAL. 2e édit. 2 vol. gr. in-18 jésus. . . . . 6 fr.

La Captive des Mohawks, par EDWARDS S. ELLIS. 1 vol. illustré gr. in-18 jésus. . . . . 2 fr.

La Castel du Diable, par PONSON DU TERRAIL. 1 vol. gr. in-18 j. 3 fr.

Catalogue des Certificats de noblesse délivrés par Chérin pour le service militaire, de 1781 à 1789, publié par MM. LOUIS DE LA ROQUE et ÉDOUARD DE BARTHÉLEMY. 1 vol. gr. in-8. . . . . 2 fr.

Catalogue des Gentilshommes qui ont pris part aux assemblées de la Noblesse en 1789, d'après les procès-verbaux officiels, publié par MM. LOUIS DE LA ROQUE et ÉDOUARD DE BARTHÉLEMY. Chaque province forme une livraison gr. in-8 séparée. Prix. . . . . 2 fr.

En vente : *Dauphiné*; — *Lyonnais, Forez et Beaujolais*; — *Provence et Principauté d'Orange*; — *Haut Languedoc*; — *Armagnac et Quercy*; — *Bourgogne, Bresse, Bugey, Valromey et Principauté de Dombes*; — *Franche-Comté*; — *Lorraine et duché de Bar* (2 liv.); — *Champagne*; — *Auvergne et Rouergue*; — *Picardie*; — *Roussillon, Foix, Comminges, Couseran et Nébouzan*; — *Marche et Limousin*; — *Touraine et Berry*; — *Périgord, Aunis, Saintonge et Angoumois*; — *Normandie* (2 liv.); — *Anjou et Saumurois*; — *Maine, Perche et Thimerais*; — *Poitou*; — *Orléanais, Blaisois, Beauce et Vendômois*; — *Guyenne, Agénois et Bazadois*; — *Bas Languedoc*; — *Bourbonnais et Nivernais*; — *Artois, Flandre et Hainaut*; — *Isle de France, Soissonnais, Valois et Vermandois* (2 liv.); — *Alsace, Corse et Comtat-Venaissin*; — *Béarn, Navarre et Gascogne*; — *Bretagne*; — *Noblesse des Colonies, de l'Empire et de la Restauration*.

Catherine d'Overmeire, étude, par ERNEST FEYDEAU. 4e édit. 2 vol. gr. in-18 jésus. . . . . 6 fr

Le Chambrion, histoire mystérieuse, par PONSON DU TERRAIL. 1 vol. grand in-18 jésus. . . . . 3 fr.

La Charité à Paris, par JULES LECOMTE. Nouvelle édition. 1 volume grand in-18 jésus. . . . . 3 fr.

Mes Chasses au Lion, par J. CHASSAING. Préface du commandant P. GARNIER. Dessins de Martinus. 1 vol. gr. in-18 jésus. . . . . . 3 fr.

Le Christ, par ÉMILE BARRAULT. 1 vol. in-8. . . . . 6 fr.

Chroniques et Légendes des rues de Paris, par ÉDOUARD FOURNIER. 1 charmant vol. in-18. . . . . 3 fr.

Comment on aime, par ÉTIENNE ENAULT. 2e édit. 1 vol. grand in-18 jésus. . . . . 3 fr.

Les Confessions de l'abbesse de Chelles, fille du Régent, par M. DE LESCURE. 1 beau vol. in-18 orné d'un portrait inédit. . . . . 3 fr.

Conversations de M. de Chateaubriand.—Ses agresseurs, par JULIEN DANIELO, son ancien secrétaire. 1 vol. in-8. . . . . . . 6 fr.

Correspondance inédite de Marie-Antoinette, publiée sur les documents originaux par le comte PAUL VOGT D'HUNOLSTEIN, ancien député de la Moselle. 3e édit. 1 vol. in-8. . . . . 7 fr

La Cosaque, par PAUL FÉVAL. 1 vol. gr. in-18 jésus. . . . . . 3 fr.

Les Cours galantes, par GUSTAVE DESNOIRESTERRES.

Tome I : L'Hôtel de Bouillon, la Folie-Rambouillet, le château d'Anet, le Temple. Tome II : Roissy, l'Hôtel de Mazarin, Chantilly, le palais Mancini, la cour de Zell. Tome III : Le château de Clagny, l'hôtel la Touanne, l'hôtel Boisboudrand, la maison de Sonning, la Butte Saint-Roch Tome IV et dernier : le château de Saint-Maur, la cour de Sceaux, Châtenay, l'hôtel de madame de Lambert, la maison de Clichy.

4 jolis vol. in-18. . . . . 12 fr.

Les Crimes de jeunesse, par PONSON DU TERRAIL. 1 vol. grand in-18 jésus. . . . . 3 fr.

Les Cythéres parisiennes, histoire anecdotique des bals de Paris, par ALFRED DELVAU. Frontispice et 24 eaux-fortes par FÉLICIEN ROPS et ÉMILE THÉROND. 1 charmant vol. grand in-18 jésus. . . . . . 3 fr. 50

Les Deux femmes du roi, par PAUL FÉVAL. 1 vol. grand in-18 jésus. . . . . 3 fr.

Le Diable, histoire de sa grandeur et de sa décadence, par J. M. CAYLA. 1 fort vol. grand in-18 jésus. . . . . 3 fr. 50

Dictionnaire de la langue verte, argots parisiens comparés, par
A. Delvau. 1 fort vol. grand in-18 jésus. . . . . 5 fr.
Il en a été tiré quelques exemplaires sur papier vergé. . . . . 10 fr.

Dictionnaire historique des Ordres de chevalerie créés chez
les différents peuples, depuis les premiers siècles jusqu'à nos jours, par
H. Gourdon de Genouillac. 2e édition, revue, augmentée et ornée d'un grand
nombre de figures. 1 très-joli volume grand in-18 jésus. . . . . . 5 fr.
Avec figures très-soigneusement coloriées. . . . . 12 fr.

Le Drame de la Jeunesse, par Paul Féval. 1 vol. grand in-18
jésus. . . . . 3 fr.

Drames politiques, par Alfred Michiels. 1 vol. gr. in-18 jésus.   3 fr.

La Duchesse de Nemours, par Paul Féval. 1 v. gr. in-18 j.   3 fr.

L'Enfant d'adoption, par M. V. Victon. 1 vol. ill. gr. in-18 j.   2 fr.

L'Enfer démoli, par J. M. Cayla. 1 vol. grand in-18 jésus. .   3 fr 50

Énigmes des rues de Paris, par Édouard Fournier. 1 charmant vol.
in-18. . . . . 3 fr.

Les Épaves, par Auguste Lacaussade. 1 vol. gr. in-18 jésus. . 3 fr. 50

L'Épicurien, de Thomas Moore, traduit par Henri Butat, les vers par
Théophile Gautier, préface d'Édouard Thierry, dessins de Gustave Doré.
1 beau vol. in-8. . . . . 6 fr.

Les Exploits de Rocambole, par Ponson du Terrail.
Ire partie. *Une fille d'Espagne.*
IIe partie. *La mort du Sauvage.* 2 vol. gr. in-18 jésus. Chaque v.   3 fr.

Les Extravagances du hasard, par Charles d'Héricault. 1 vol.
gr. in-18 jésus. . . . . 2 fr.

L'Esprit dans l'Histoire, recherches et curiosités sur les mots historiques, par Édouard Fournier. 3e édition, revue et très-augmentée. 1 beau
vol. in-18. . . . . 3 fr.

L'Esprit des autres, recueilli et raconté par Édouard Fournier. 4e édition, revue et très-augmentée. 1 vol. in-8°. . . . . 3 fr.

L'Esprit des bêtes, zoologie passionnelle, mammifères de France, par
A. Toussenel. 4e édition, revue et corrigée. 1 vol. in-8°. . . . . . 6 fr.

**Essai sur l'histoire du gouvernement et de la constitution
britanniques**, depuis le règne de Henri VII jusqu'à l'époque actuelle,
par le comte John Russell. 1 vol. in-8. . . . . 7 fr.

Études financières et d'économie sociale, par M. Pierre Clé-
ment, membre de l'Institut, auteur de *Jacques Cœur et Charles VII*, de
l'Histoire de Colbert, du *Gouvernement de Louis XIV*, des *Portraits historiques*, etc., etc. 1 fort vol. in-8°. . . . . 7 fr.

Études religieuses et littéraires, par E. Rosseeuw Saint-Hilaire, professeur à la Faculté des lettres. 1 vol. grand in-18 jésus. . . . . 3 fr.

Excentricités du langage, par Lorédan-Larchey. 4e édit. 1 vol. grand in-18 jésus. 3 fr. 50

Les Errants de nuit, par Paul Féval. 1 vol. gr. in-18 jésus. 5 fr.

La Fabrique de mariages, par Paul Féval. 2e édition. 1 vol. gr. in-18 jésus. . . . . 3 fr.

La Fille du grand chef, roman américain, par Ann S. Stephens. 1 vol. orné de gravures. . . . . 2 fr.

La Famille du Batelier, par Edwards S. Ellis. 1 vol. illustré gr. in-18 jésus. 2 fr.

Flor d'Aliza, Nouvelles Confidences par M. Alphonse de Lamartine. 2e édition. 1 beau vol. gr. in-8°. . . . . 6 fr.

Fleurette la bouquetière, par Eugène Scribe, de l'Académie française. 1 vol. grand in-18 jésus.. . . . . 3 fr.

Le Gaillard d'avant, chansons maritimes, par G. de la Landelle, ancien officier de marine. 1 joli vol. gr. in-18 jésus, avec la musique. 1 fr.

Les Gandins, mystères du demi-monde, par Ponson du Terrail. 2 vol. grand in-18 jésus, ornés d'une vignette.
    I. Les Hommes de cheval;
    II. L'Agence matrimoniale.
    Chaque volume . . . . 3 fr.

La Garde noire, par Paul Féval. 1 vol. gr. in-18 jésus. . . . 3 fr.

La Gerbée, contes à lire en famille, par Michel Masson. 1 joli volume illustré . . . . 3 fr.

Grammaire héraldique, contenant la définition exacte de la science des armoiries, suivie d'un vocabulaire explicatif, par H. Gourdon de Genouillac. 3e édition, revue et augmentée de l'*Art de composer les livrées selon les règles héraldiques*. 1 charmant vol. grand in-18 jésus, orné de 200 blasons gravés intercalés dans le texte. . . . . 5 fr.

La Grève de Samarez, poëme philosophique, par Pierre Leroux. 4 vol. gr. in-8°, paraissant en 8 livraisons séparées, comprenant : 1° la Préface; — 2° les 52 Sectes de l'Ile; — 3° le Rocher des Proscrits; 4° les Fantômes; — 5° Satan; — 6° le Livre de Job; — 7° la Dispute avec les Savants; — 8° la Post-Face.
    Prix de chaque livraison. . . . . 4 fr.

La Guerre des gueux, par Adrien Robert. 1 vol. gr. in-18 jés. 5 fr.

Un Hermaphrodite, par Louis Jourdan. 2e édition. 1 vol. gr. in-18 jésus. . . . . 3 fr.

L'Héritage du Comédien, par Ponson du Terrail. 1 vol. gr. in-18 jésus. . . . . 3 fr.

Histoire de la Caricature antique, par Champfleury, 1 vol. illust. de plus de 60 grav. . . . . 4 fr.

Histoire de la Caricature moderne, par Champfleury. 1 vol. illustré de 80 gravures. . . . . 4 fr.

Histoire anecdotique de l'ancien théâtre en France, Théâtre français; — Opéra; — Opéra-Comique; — Théâtre Italien; — Théâtre forain; par A. Du Casse. 2 vol. in-8. . . . . 10 fr.

Histoire de la Censure théâtrale en France, par Victor Hallays-Dabot. 1 beau vol. grand in-18 jésus. . . . . . . 5 fr.

Histoire d'une conscience, par Étienne Énault. 1 vol. gr. in-18 jésus. . . . . 3 fr.

Histoire des Girondins et des Massacres de Septembre, d'après les documents originaux et inédits, par M. A. Granier de Cassagnac, député au Corps législatif. 2 v. in-8°, accompagnés de *fac-simile*. 12 fr.

Histoire des Idées littéraires au XIXe siècle, par Alfred Michiels. 4e édit., revue et continuée jusqu'en 1861. 2 v. in-8°. . . . 12 fr.

Histoire du Livre en France, par Edmond Werdet, ancien libraire-éditeur.

Ire partie. *Origine du livre manuscrit.* 1 vol. gr. in-18 jésus. . . 5 fr.

IIe partie. *Transformation du livre*, 1470 à 1789. 1 volume grand in-18 jésus. 5 fr.

IIIe partie. *Études historiques et bibliographiques sur les imprimeurs et les libraires les plus célèbres de 1470 à 1789.* 2 vol. . . . . . 10 fr.

IVe partie. *Essais sur la propagation, marche et progrès de l'imprimerie et de la librairie dans les diverses provinces de la France.* 1 v. 5 fr.

Histoire de la Poésie, par Thalès Bernard. 1 fort vol. grand in-18 jésus . . . . 10 fr.

Histoire de la Société française pendant le Directoire, par MM. Edmond et Jules de Goncourt. 2e édition. 1 vol. gr. in-8°. . . . . 5 fr.

Histoire des Livres populaires ou de la littérature du Colportage, depuis l'origine de l'imprimerie jusqu'à l'établissement de la Commission d'examen des livres du colportage (30 novembre 1852), par Charles Nisard. 2e édition, revue, corrigée avec soin et considérablement augmentée. 2 v. gr. in-18 jésus ornés d'un grand nombre de fig. 10 fr.

Histoire de la Musique en France, depuis les temps les plus reculés jusqu'à nos jours; suivie de la liste chronologique des ouvrages qui forment le répertoire de l'Opéra et de l'Opéra-Comique, par Charles Poisot. 1 beau vol. in-18. . . . . 4 fr.

Histoire du Pont-Neuf, par Édouard Fournier. 2 vol. in-18 ornés d'une belle photographie. . . . . 6 fr.

Hommes et Choses de divers temps, par Charles Rozet. 1 vol. gr. in-18 jésus. . . . . 3 fr. 50

Les Hommes d'épée, profils militaires, par Ernest Billaudel. 1 vol. grand in-18 jésus. . . . . 2 fr.

Iambes et Poëmes, par Auguste Barbier. 15ᵉ édition, revue et corrigée. 1 vol. grand in-18 jésus. . . . . 5 fr. 50

L'Italie des Italiens, par madame Louise Colet. 4 beaux vol. gr. in-18 jésus. . . . . 14 fr.

    Tome 1ᵉʳ : *L'Italie du Nord*. Gênes, Turin, Milan, Padoue, Venise. — Tome II : *L'Italie du Centre*. Plaisance, Parme, Modène, Florence, Pérouse, Ravenne, Bologne, Ferrare. — Tome III : *L'Italie du Midi*. Le Libérateur; Palerme, Naples. — Tome IV : *Rome*.

Jean-Diable, par Paul Féval. 2ᵉ édit. 2 vol. gr. in-18 jésus. . . . 6 fr.

Jessie, par M. Mocquard, chef du cabinet de S. M. l'Empereur. 5ᵉ édition. 2 vol. gr. in-18 jésus . . . . 6 fr.

La Jeunesse du roi Henri, par Ponson du Terrail. 3 jolis vol. gr. in-18 jésus. . . . . 9 fr.

Jules César, tragédie de Shakspeare, traduite en vers français par Auguste Barbier. 2ᵉ édit., ornée de deux portraits gravés. 1 vol. gr. in-18 jésus. . . . . 3 fr. 50

Le Langage des marins. Recherches historiques et critiques sur le vocabulaire maritime. Expressions figurées en usage parmi les marins. Recueil de locutions techniques ou pittoresques, suivi d'un index méthodique, par G. de la Landelle, ancien officier de marine. 1 vol. in 8°. . . . . . 5 fr.

Lettres de Silvio Pellico, recueillis et mises en ordre par Guillaume, Stefani, traduites et précédées d'une introduction (les Dernières années de Silvio Pellico), par Antoine de Latour. 2ᵉ édit. 1 beau vol. gr. in-18 jésus, portrait et autographe . . . . 4 fr.

Le Livre de la Nation polonaise et des Pèlerins polonais d'Adam Mickiewicz, traduction nouvelle par Armand Lévi, avec introduction et commentaire par Ladislas Mickiewicz. 1 charmant v. in-18 impr. avec luxe; encadrements en couleur. . . . . 7 fr. 50

Mademoiselle Million, par madame Urbain Rattazzi (Marie de Solms) 2ᵉ édit. 1 joli vol. grand in-18 jésus, orné d'une belle photographie 3 fr.

Les Maitresses du Régent. Études d'histoire et de mœurs sur le commencement du xviiiᵉ siècle, par M. de Lescure. 2ᵉ édit., revue et corrigée. 1 fort vol. in-18. . . . . 4 fr.

Les Majorats littéraires, examen d'un projet de loi ayant pour but de créer, au profit des auteurs, inventeurs et artistes, un monopole perpétuel, par P. J. Proudhon. 2ᵉ édit. 1 vol. grand in-18 jésus . . . . . . 3 fr.

Le Mangeur d'hommes (récits de chasse), par Jules Gérard, le Tueur de lions. 2ᵉ édition. 1 vol. gr. in-18 jésus, illustrations de J. A. Beaucé et Andrieux . . . . 3 fr. 50

Manuel du Chasseur au chien d'arrêt, par M. Léonce de Curel, suivi de la loi sur la chasse. 4ᵉ édition. 1 vol. gr. in-18 jésus avec gravure . . . . 3 fr.

Les Mariages d'aujourd'hui, par Philibert Audebrand. 1 vol. grand in-18 jésus . . . . 3 fr.

Les Martyrs de l'Amour, par Louis Jourdan. 2ᵉ édit. 1 joli vol. gr. in-16 jésus, orné d'une photographie . . . . 3 fr.

Méditations sur la mort et l'éternité, publiées avec la permission spéciale de Sa Majesté la reine Victoria, et traduites de l'anglais par Ch. Bernard Derosne. 5ᵉ édit. 1 vol. in-8° . . . . 6 fr.

Méditations sur la vie et ses devoirs, publiées avec la permission spéciale de Sa Majesté la reine Victoria, et traduites de l'anglais par Ch. Bernard Derosne. 1 vol. in-8° . . . . 6 fr.

Mémoires d'un Bibliophile. Lettres sur la bibliographie, par M. Tenant de Latour, ancien bibliothécaire du roi au palais de Compiègne. 1 fort vol. grand in-18 jésus . . . . 5 fr. 50

Mémoires de madame la marquise de la Rochejaquelein, précédés de son Éloge funèbre prononcé par Mgr l'évêque de Poitiers. Nouvelle édition, ornée d'un portrait, d'un *fac-simile* et de cartes. 2 vol. grand in-18 jésus, illustrés de jolies vignettes dessinées par Andrieux. 5 fr.

Mémoires de Madame Élisabeth de France, sœur de Louis XVI, annotés et mis en ordre par F. de Barghon-Fort-Rion. 1 vol. in-8° orné d'un beau portrait . . . . 4 fr.

Mémoires secrets pour servir à l'histoire de la cour de Russie, sous le règne de Pierre le Grand et de Catherine Iʳᵉ, rédigés et publiés pour la première fois d'après les manuscrits originaux du sieur Villebois, chef d'escadre et aide de camp de Pierre Iᵉʳ, par Tardif de Mello. 1 vol. in-8° . . . . 6 fr.

Mémoires du président Hénault, de l'Académie française, écrits par lui-même, recueillis et mis en ordre par son arrière-neveu M. le baron de Vigan. 1 vol. in-8° . . . . 6 fr.

Mémoires d'une veuve, par Ponson du Terrail. 1 vol. grand in-18 jésus . . . . 3 fr.

PARIS. — IMP. SIMON RAÇON ET COMP., RUE D'ERFURTH, 1.